Claire Marin

# An seinem Platz sein

Claire Marin

# An seinem Platz sein

## Wie wir unser Leben und unseren Körper bewohnen

Aus dem Französischen übersetzt
von Ute Kruse-Ebeling

RECLAM

Titel der französischen Originalausgabe:
*Être à sa place. Habiter sa vie, habiter son corps*

2023 Philipp Reclam jun. Verlag GmbH,
Siemensstraße 32, 71254 Ditzingen



Druck und Bindung: CPI books GmbH,
Birkstraße 10, 25917 Leck
Printed in Germany 2023
RECLAM ist eine eingetragene Marke
der Philipp Reclam jun. GmbH & Co. KG, Stuttgart
ISBN 978-3-15-011438-4

Auch als E-Book erhältlich

www.reclam.de

FSC www.fsc.org
MIX
Papier | Fördert gute Waldnutzung
FSC® C083411

# Inhalt

»Ich wünschte, es gäbe stabile, unbewegliche, unantastbare, unberührte und fast unberührbare, unveränderliche, verwurzelte Orte; Orte, die Bezugspunkte, Ausgangspunkte, Quellen wären.«

Georges Perec, *Träume von Räumen* [*Espèces d'espaces*]

# Ein eigener Platz?

»Nostalgischer (und falscher) Gegensatz

Entweder Sie schlagen Wurzeln, finden Ihre Wurzeln wieder oder passen sie an, entreißen dem Raum den Ort, der Ihrer sein wird, [...] eignen sich Millimeter um Millimeter Ihr ›zu Hause‹ an [...]. Oder Sie tragen nur Ihre Kleidung auf dem Leib, behalten nichts, leben in Hotels, die Sie häufig wechseln, ebenso wie die Städte und die Länder [...]; Sie fühlen sich nirgends zu Hause, aber doch fast überall.«

Georges Perec, *Träume von Räumen* [*Espèces d'espaces*]

Man könnte meinen, die Welt würde sich in Verwurzelte und Nomaden aufteilen, und es gäbe zwei Arten von Menschen: die Erdverbundenen und die, die sich vom Wind treiben lassen. Einige wären nur an dem Platz glücklich, den sie bewohnen, so als wären sie aus diesem Boden gemacht, aus diesem Stoff geformt. Andere würden lediglich die Gipfel streifen, wären Wesen, die nur vorbeiziehen und vorüberfliegen, ohne jemals wirklich an einem Ort oder in einer Beziehung verankert zu sein. Doch das ist nichts als ein »nostalgischer (und falscher) Gegensatz«, warnt uns Georges Perec. Wir befinden uns irgendwo dazwischen, sind als Wesen immer in Bewegung, wie schon Montaigne glaubte, selbst wenn diese Bewegung unauffällig, unsichtbar, tief in den Herzen, in den versteckten Winkeln der Gedanken verborgen bleibt. Wir stehen niemals still, selbst wenn wir uns auf unseren Reisen manchmal nicht von der Stelle bewegen und die Ferne in unserem Inneren liegt.

Es handelt sich um einen falschen Gegensatz, weil das Leben stets eine Durchreise mit emotionalen, sozialen, geographischen oder politischen Etappen ist. Wir befinden uns in Wirklichkeit nie genau am selben Platz, und wir laufen über Treibsand: »Das Leben ist unruhig, der Boden bebt unter unseren Schritten.«[1] Wir segeln von einem Heimathafen zum nächsten, machen uns los, wechseln die Flagge, entscheiden uns für einen Kurs, doch die Strömungen treiben uns hin und her, die Winde lenken uns ab, wir scheitern auf *terra incognita*, auf unbekanntem Land. Wer weiß, was wir jeweils bei diesem Abdriften und Kentern entdecken, auch in uns selbst?

Warum dieses Buch? Weil es passieren kann, dass wir plötzlich von einem Platz fortgerissen werden, von dem wir glaubten, wir hätten ihn bewusst und mit Freude gewählt. Dieser Platz schien uns sicher, wir hatten ihn uns doch verdient – nicht ohne eine gewisse Blindheit für den Anteil des Zufalls, der uns dorthin verschlagen hatte. Wenn ich durch ein Ereignis oder eine Katastrophe erschüttert werde und dadurch meinen angestammten Platz verliere, erkenne ich womöglich, wie sehr ich dort eingeschränkt und gefangen war. Paradoxerweise setzt dieser erzwungene Ortswechsel mehr frei, als er mir nimmt. Wir sind vielleicht gar nicht immer in der besten Position, um sagen zu können, wo wir hingehören.

Manchmal akzeptieren wir Plätze, die uns mehr einschränken, als wir meinen, die uns zu eng sind, weil wir glauben, dass sie für uns bestimmt sind. Mit welchen Gründen, nach welcher Logik, reden wir uns am Ende selbst ein, dass uns ein offensichtlich zu kleiner Platz trotz allem angemessen ist?

Zweifelsohne liegt es an der Kraft jener nostalgischen Sehnsucht nach einem eigenen Platz. Diese Vorstellung beruht auf einer Idealisierung von Orten, die zu unseren Ursprüngen zurückführen, also von Orten, die wir eher aus Träumen als aus der Erinnerung kennen. Sie lässt uns glauben, dass es so etwas wie einen Platz gibt, an den wir ›hingehören‹, einen Platz, der zu uns passt, an dem wir uns einfügen wie das fehlende Puzzlestück, um ein beliebtes Bild von Perec aufzugreifen. Bei der Suche nach dem richtigen Platz geht es um die Frage nach unserer Einzigartigkeit, aber auch darum, wie wir uns in eine Gesellschaft, eine Familie oder Gruppe einfügen, der wir angehören oder gern angehören würden. Weil wir befürchten, unseren Platz zu verlieren, ersetzt zu werden, geben wir uns mit Räumen für unsere Gefühle oder Beziehungen zufrieden, die uns eher schaden als guttun. Man stellt sich seinen Platz wie eine sichere Bank vor, und er entspricht ja zweifelsohne einem gewissen Bedürfnis nach Ordnung, nach genauer Bestimmung und Abgrenzung.

Doch die Hierarchie der Plätze ist auch eine Hackordnung. Die Brutalität, mit der uns ein Rang zugewiesen werden kann, erklärt unsere Fluchten, Aufbrüche und Ausstiege. Bestimmte Plätze sind objektiv oder subjektiv unbewohnbar, gar unerträglich.[2] Wir können dort nicht mehr atmen. Wir fliehen, um uns zu retten oder um zu einer dynamischen Selbstentfaltung zurückzufinden. Manchmal handelt es sich nur um ein einfaches Unbehagen, das Gefühl, fehl am Platz zu sein, dort nicht ›hinzugehören‹. Wir sind der Misston in der Melodie, der Sand im Getriebe, der Eindringling. Unsere Bemerkungen oder unsere Reaktionen werden als ›deplatziert‹ empfunden. Dieser unangenehme Eindruck, abzuweichen, anders zu sein als die anderen, nährt die Lust auf einen anderen Platz, die Träume von anderen möglichen Orten, an denen wir heimisch werden und uns behaupten können. Er weckt das Verlangen nach den Lebensformen und Identitäten, die damit verbunden sind.

Wenn »leben bedeutet, von einem Raum zum nächsten zu wechseln und zu versuchen, sich dabei möglichst nirgends zu stoßen«[3], ist der Schock bisweilen hart. Reale oder unsichtbare Hürden türmen sich auf meinem Weg auf, Mauern umzingeln mich, halten mich eher gefangen, als mich zu beschützen. Man muss die Lücken finden, sich einschleichen, sich einen Weg bahnen; der Einbruch geschieht unauffällig, ich benutze die Hintertür, um mir meinen Platz zu erobern. Individuen entfalten sich, indem sie sich fortbewegen und damit zugleich über sich hinauswachsen. Doch unsichtbare Strukturen und Markierungen stellen sich in den Weg: *color lines*[4], gläserne Decken, Wagenburgmentalitäten.[5] Man möchte sich selbst freien Lauf lassen und stößt gegen verschlossene Türen. Die Räume sind dicht, abgeschottet, und man gelangt nicht von einem Raum zum nächsten, indem man sich bloß treiben lässt und dem Strom folgt. Man muss sich Zugang verschaffen, Wände und Mauern einreißen. Oder, vorsichtiger, die geheimen Zauberwörter erlernen, die Codes entschlüsseln, sich in die Sprache einweihen lassen.

> »Wir schützen uns, wir verbarrikadieren uns. Die Türen halten uns auf und trennen uns. [...] Wir können nicht von einem zum anderen gehen: [...] Wir brauchen ein Kennwort, müssen die Schwelle überschreiten, müssen uns gebührend ausweisen, müssen kommunizieren, wie der Gefangene mit der Außenwelt kommuniziert.«[6]

Der Platzwechsel ist eine Befreiung. Es geht darum, sich materieller wie psychologischer Hypotheken und Fesseln zu entledigen. Sich von einem Platz zu lösen, der uns lange bestimmt hat, um Anspruch auf eine andere Identität zu erheben, auch wenn wir manchmal das Gefühl haben, die Person zu verraten, die wir einmal waren oder zu der uns die anderen machen wollten. Es steckt immer eine Form der Gewalt und des Losreißens, und sei sie nur symbolisch, in diesen

Platzwechseln, für die wir uns entscheiden oder zu denen wir gezwungen sind. Doch zweifelsohne liegt darin zugleich auch eine Aufregung angesichts der Befreiung, eine Freude an dem dadurch hervorgerufenen Durcheinander, eine Begeisterung, mit der wir andere Plätze ausprobieren.

Vielleicht bereitet das Abdriften sogar Vergnügen. Einige lassen sich nur zu gern vom Kurs abbringen, gehen jedes Wagnis ein, befreien sich aus einer geschlossenen, abgegrenzten Welt, brechen aus ihren Begrenzungen aus und suchen das Offene. Wir wissen nicht immer, wohin wir wollen. Kein Ziel zu haben, stellt vielleicht die erste Form der Befreiung dar. Das soziale Spielfeld verlassen, das Unbestimmte wagen. Seinen Platz verlassen, ohne irgendeinen anderen anzusteuern:

> »Es war nötig, sich von dem bequemen Urzustand zu lösen, in dem man sich befand und auf den man sich stützte, und seine großartigen Orte aufzugeben, die das Unbegrenzte, Unendliche jenseits der Schutzwälle hielten.«[7]

Vielleicht geben uns solche Nomaden oder Vagabunden schlicht zu verstehen, dass man niemals irgendwo ankommt. Alle Plätze sind vorläufig und unablässig einer großen Umwälzung unterworfen, die Karten werden ständig neu verteilt. Vielleicht befinden wir uns in Wirklichkeit immer nur irgendwo dazwischen, zwischen zwei Welten, zwischen zwei Zeiten, zwischen zwei Arten, wir selbst zu sein. Wir müssen akzeptieren, dass am Platz Unruhe herrscht, sei sie nun sozialer, politischer oder emotionaler Natur. Wir sind eher ständig unterwegs, als einen angestammten Platz zu besitzen. Einige halten dieses Fehlen, dieses Dazwischen für ein prekäres Gleichgewicht, einen wunden Punkt. Doch ist es nicht gerade die Stärke der Aussteiger, dass sie sich nie genau verorten lassen, dass sie zwischen den Sprachen, Kulturen und Lebensweisen lavieren? Ist es nicht dieses Schwanken, diese Flexibilität, diese Fähigkeit, anders zu sein, die unsere wahre Freiheit ausmacht?

Manchmal wissen wir nichts von den inneren Stürmen, die in einem Menschen toben, davon, wie eine heimliche Leidenschaft oder Wut ihn aus dem Lot bringt, ihn um- und antreibt. Wir wissen nichts von seinen Erschütterungen, seinem Bedürfnis, anderswo oder jemand anderes zu sein. Das Abdriften der Gefühle, die Verwirrung und das geheime Schwanken, das Durcheinander oder das existentielle Beben, das das Begehren hervorruft, zeugen allesamt davon, dass sich das Individuum unmöglich fixieren lässt. Die Gegenwart der anderen erschüttert uns, stört uns und bringt uns unablässig aus dem Gleichgewicht. Wenn wir von intensiver Leidenschaft erfasst werden und ihr erliegen, geht damit stets die Gefahr von Verlust und Zerstörung einher. Das ist das Risiko, das Wagnis und manchmal auch das uneingestandene Ziel der inneren Bewegungen: nichts zu behalten von dem, was vorher war, alles zu verdrängen oder in diesem emotionalen Strudel, der uns fortreißt, zu versinken. Das ist der Preis für die innere Dynamik.

Einige suchen einen Zufluchtsort vor diesem Übermaß, diesen geheimen Erschütterungen und Schockwellen, die uns mitzureißen drohen. Wir errichten unsererseits Barrikaden um uns herum. Wir haben uns für den Ort erwärmen können, an dem wir uns befinden. Wir haben uns mit ihm angefreundet und uns an ihn angepasst. Wir haben uns an das statische Leben, die Unbeweglichkeit gewöhnt. Unser Leben ist eingefroren, und dabei glauben wir, es sei stabil. Es ist unbeweglich, während wir uns für seine Stetigkeit beglückwünschen.

> »Wir hätten uns angewöhnen sollen, uns frei zu bewegen, ohne dass es uns Überwindung kostet. Doch wir haben es nicht getan: Wir sind dort geblieben, wo wir waren; die Dinge sind so geblieben, wie sie waren. [...] Wir begannen zu glauben, dass es uns dort, wo wir waren, gutginge.«[8]

Wir haben vergessen, wie man in Bewegung ist, sagt uns Perec. Wir haben uns niedergelassen und uns in der Ruhe, der Vertrautheit eingerichtet. Wir haben die Unruhe gegen diese träge Sicherheit getauscht. Doch selbst wenn wir zweifelsohne die Augen davor verschließen, wie prekär unser Gleichgewicht in Wirklichkeit ist, haben wir nichtsdestoweniger den starken Wunsch, einen Heimathafen zu finden oder wiederzufinden. »Wo soll man sein Haupt betten?«, fragt Michaux.[9] In dem düsteren Gedicht mit diesem Titel bleibt nur der Himmel; die Erde ist verwüstet. Wir suchen trotz allem einen Platz in uns selbst, indem wir unseren bisweilen verlassenen Körper bewohnen oder indem wir ihn jemand anderem als Zuflucht, als Kokon anbieten. Selbst zu einem Zuhause werden, zu einem Obdach, einer Heimstatt, einem sicheren Ort. Den anderen aufnehmen und sich um ihn kümmern kann eine andere Art sein, Platz für jemanden zu schaffen.

Das Spiel um die jeweiligen Positionen der einzelnen Akteure innerhalb der wechselnden Konstellationen emotionaler, freundschaftlicher oder familiärer Beziehungen verändert sich immer wieder neu, wie es den – erfreulichen oder traurigen – Ereignissen, den Zusammensetzungen oder Neuzusammensetzungen, den Abhängigkeitsverhältnissen oder Distanzierungen entspricht. Einige Plätze bleiben frei und lassen Raum für die Erinnerung. Andere fehlen, man wird versuchen, sie anders zu besetzen, später und auf eine neue Weise. Die Frage nach unserem Platz ist auch die nach Vergeltung, nach Wiedergutmachung oder Versöhnung. Sei es mit den anderen, mit sich selbst oder mit einer lückenhaften Geschichte, deren Leerstellen uns schmerzen. Wir füllen diese Leerräume nicht immer aus, doch wir schreiben uns an den Rand. Was an die Seite geschrieben wird, parallel zum Haupttext, ist ein Raum, in dem wir uns persönlich den Sinn noch einmal neu aneignen, in dem wir nachdenken und uns von Autoritäten distanzieren können. An den Rand schreiben bedeutet, meiner Stimme Gehör zu verschaffen, jener Stimme, die zuerst als Marginalie erkennbar wird, doch die eines Tages durchaus das Herzstück des Textes bilden könnte.

## Ein Platz an der Sonne

Ich betrachte die Eidechse. Sie kehrt immer an diesen Ort zurück, den wir uns teilen. Wie ich lässt sie sich auf den weißen Steinen nieder, die sich um die Mittagszeit in der Sonne aufheizen. Sie ist völlig regungslos. Wir lassen uns beide von der Wärme einhüllen. Sie und ich, wir beide sonnen uns. Wir machen nichts, außer das warme Licht zu genießen, sogar mit geschlossenen Augen. Wir begnügen uns damit, da zu sein. Und während ich diese Augenblicke wie Zwischenspiele erlebe, ist die Eidechse dabei vollkommen sie selbst, in reiner Selbstübereinstimmung. Die Eidechse sonnt sich.[1] Wer sonst kann in so vollkommener Weise mit sich selbst identisch sein und diese einfache Übereinstimmung mit sich selbst erleben? Ist es ein Privileg des Tieres oder zeigt es eher die ›Begrenztheit‹ seiner Existenz? In einem Text mit dem wenig einladenden Titel *Die Grundbegriffe der Metaphysik*[2] machte sich schon Heidegger Gedanken über die Eidechse und lehnte diese Parallele ab: Nein, die Eidechse wärmt sich nicht auf dieselbe Weise in der Sonne wie wir. Wir können uns an einem Sonnenstrahl erfreuen oder uns Fragen über Astrophysik stellen. Die Eidechse dagegen bezieht sich nur auf eine einzige Weise auf die Sonne, von der sie gleichsam gefangen ist. Das Tier ist ihm zufolge »weltarm«: Es ist eingesperrt in seiner Umwelt »wie in einem Rohr, das sich nicht erweitert und verengt«.[3] An seinem Platz sein würde somit in einem einfachen Leben in gewisser Weise bedeuten, sich mit einer eingeschränkten Welt, einem beschränkten Dasein zu begnügen und gezwungen zu sein, sich mittels eines begrenzten Repertoires an Gesten, Verhaltensweisen und Handlungen auf die Welt zu beziehen. Das utopische Bild eines Lebens, das man mit Sonnenbaden verbringt, bekommt damit merkliche Risse. Man kann wie einige Philosophen der Ansicht sein, dass das Glück des Menschen genau darin besteht, dass er keine vorherbestimmte Welt besitzt, sondern seine gewohnte Umwelt überschreiten und andere Milieus kennenlernen kann. Unser Platz an der Sonne ist immer nur von kurzer Dauer, ihr Schatten wandert im Laufe des Tages weiter, und der Mensch wird, im Gegensatz zu den meisten Tieren, stets von anderen Sonnen angelockt. Vielleicht sind wir eher wandernde als festverwurzelte Wesen.

Dieser Platz an der Sonne, auf der Terrasse, ist zweifellos einer meiner Lieblingsplätze. Doch in jenem Augenblick bin ich wie aufgehoben, dieser Ort sagt nichts sehr Spezifisches über mich aus, nichts darüber, was mich einzigartig macht und mich von den anderen unterscheidet. Es handelt sich um einen dieser Räume, von denen ich nicht erwarte, dass sie mir Wurzeln geben, sondern dass sie mich befreien, dass sie mich einen Moment lang von mir selbst lösen und aus dem Fluss der erwarteten Gedanken und Handlungen herausziehen. Es ist ein Ort der Aufhebung, eine Oase des Rückzugs, einer der Orte, an denen ich mich verliere, an denen ich mit der Umgebung verschmelze.

Müssen wir auf Orte, auf Räume im ganz konkreten Sinne setzen (das Zimmer, das Haus, die eigenen vier Wände, den Wald, die Natur), um zu einer inneren Einheit zu gelangen, um uns zu sammeln? Einige Orte stellen wir uns als »Plätze« vor, so als wären sie mit einer nahezu ontologischen Art von Macht ausgestattet: der Macht, unsere Mitte wiederzufinden, uns gegenüber uns selbst zu offenbaren. Liegt es daran, dass sie wie eine »übergeordnete Schutzzone«[4] und Festung fungieren, die uns vor der Außenwelt beschützt und eine gewisse Unverstelltheit erlaubt? Oder daran, dass sie uns in eine Geschichte, eine Abfolge einschreiben, die an diesen Orten greifbar und konkret wird? In diesem Sinne bietet das Nachdenken über Räume weit mehr als nur einfache ästhetische oder pragmatische Betrachtungen: Die Beziehung zum Raum ist auch eine philosophische Frage nach Identität. Räume aufzubauen oder zugrunde zu richten bedeutet, persönliche Entwicklungen zu ermöglichen oder zu verhindern, die zugleich existentielle Lebensentwürfe darstellen. In der Tat gibt es keine unschuldigen Orte: Durch die Interaktionen, die sie ermöglichen oder blockieren, halten sie mich entweder an dem Ort fest, den ich bewohne, oder zeigen mir jene Plätze, die ich besetzen könnte.

Wir leben nicht in neutralen und leeren Räumen, auf großen unbeschriebenen Seiten, auf denen wir alles Mögliche festhalten könnten. Der Raum schränkt uns ein, er begrenzt uns und beeinflusst uns, je nachdem, wie er sich selbst bewegt, sich wandelt und uns ins Wanken bringt, durch seine Atmosphäre, seine Färbung, seine Ordnung oder sein Chaos. Er stört uns oder regt uns an, weist uns einen Platz zu oder vertreibt uns. Der Ort, an dem wir uns befinden, ist nicht bedeutungslos, sondern er beeinflusst uns, hinterlässt feine Spuren in uns. Der Geschmack der Erde, die Kraft der

Winde, die glühende Sonne: Die Energie oder die Last der Dinge, die uns umgeben, befeuern oder dämpfen unseren Elan. Jeder muss seinen eigenen Platz in der unterschwelligen Aufteilung der Räume, in den territorialen Logiken finden, die zugleich Zugehörigkeiten spiegeln. Der Raum bietet uns Verstecke, Fluchtwege, Zufluchtsorte, genauso wie er uns grausam bloßstellen, uns einengen oder verurteilen kann. Der eigene Platz ist tatsächlich mehr als ein Ort, er ist die Lücke, die ich schaffe, um mich dort hineinzubegeben, der Winkel, der der meine wird.

Jeder sucht sein Zuhause, diesen Ort, an dem man sich ohne nachzudenken mit geschlossenen Augen bewegt. Unser Körper kennt den Weg. Wir schalten nachts kein Licht ein. Vielleicht denken wir in dieser etwas kindlichen Art an unseren eigenen Platz: an einen Ort, der uns Geborgenheit gibt, an dem wir uns selbst im Dunkeln nicht stoßen, ein vertrauter Ort, der unseren Schlaf und unsere Geheimnisse hütet. Wir suchen diesen nahezu mütterlichen Ort, der uns umhüllt und vereint:

> »Das Zuhause verdrängt die Kontingenzen im Leben des Menschen und verstärkt seine Bedachtheit auf Kontinuität. Ohne ein Zuhause wäre der Mensch haltlos zerstreut.«[5]

Die Frage nach dem Ort ist erneut zentral, seit wir Hausarrest und Ausgangssperren erlebt haben. Kaum glaubt der Mensch, dank der Technik wieder so frei wie ein Nomade zu sein, träumt er auch schon wieder von einem Häuschen, einem Zuhause, von gemütlichen Orten, einem tröstlichen Heim, in dem man auch auf andere Weise leben kann. Wir haben mit Orten, Plätzen und Räumen noch nicht abgeschlossen. Wir suchen ein Zuhause, eine ›Residenz‹. Doch wie uns die Etymologie ins Gedächtnis ruft, bedeutet ›residieren‹ zuerst einmal, eine Bewegung zu beenden. *Residere* bedeutet im Lateinischen, sich zu setzen und die Anstrengung der Bewegung oder des Stehens zu beenden. Es bedeutet, anzuhalten, uns niederzulassen, unsere Wanderungen und Reisen zu beenden und damit aufzuhören, in Bewegung zu sein. Doch es bedeutet außerdem, zu sinken, von einem höheren auf ein niedrigeres Niveau zu wechseln, sich zu setzen, sich niederzulassen. In der lateinischen Sprache wird das Verb *residere* unter anderem dazu verwendet, die Absenkung von Bergen, die zur Ruhe kommende See, schwächer werdende Flammen oder den Wind, der sich legt, zu beschreiben. Residieren bedeutet, ruhiger, friedlicher zu leben, aber eben auch die Leidenschaftlichkeit, den Elan und die Intensität eines Lebens in Bewegung zu verlieren. Muss man also wie der Kreisel eine Bewegung schaffen, die auf der Stelle bleibt oder sich kaum verschiebt? Wird es uns in diesem prekären Gleichgewicht einer sich im Kreis drehenden Energie gelingen, den Wunsch nach einem eigenen Ort mit der Vitalität der Bewegung zu vereinbaren?

Wie Michel Foucault betont, wenn er »das Problem des Platzes« erörtert, sind Orte keinesfalls neutral. Der Raum ist nicht eigenschaftslos. Wir leben ihm zufolge »nicht in einem homogenen und leeren Raum, sondern vielmehr in einem Raum voller Eigenschaften, der auch von Trugbildern beherrscht sein kann«.[6] Wir sind nicht gleichgültig gegenüber der realen, materiellen und geschichtlichen Welt, die uns umgibt. Räume sind von Projektionen und Hoffnungen erfüllt; sie werden von Geistern der Erinnerung heimgesucht. Orte bündeln Momente der Vergangenheit, Fragmente der Erinnerung, oder sie symbolisieren eine mögliche Zukunft. Sie rufen Begehren oder Abscheu hervor, einige ziehen uns an, wiederum andere ängstigen uns. Die Räume, in die ich mich fügen muss, durch die ich hindurchgehe, hinterlassen ihre Spuren in mir wie eine innere Tätowierung. Die Geräusche, Düfte und Gerüche des Landes unserer Kindheit.

Doch bekanntlich kann ein Zuhause auch Sorgen und Alpträume auslösen, wenn es von einer schweren Vergangenheit überschattet wird. Bei einigen wiederum herrscht die Angst, nicht zu wissen, wo man schlafen soll, keine eigene Bleibe, kein eigenes Zuhause mehr zu haben. Oder ich kann auch Angst haben, dass mir das Haus auf den Kopf fällt, weil das Dach marode ist, oder dass die dumpfe Gewalt, die dort rumort, mich von innen heraus zerstört. Manchmal stürzt das Zuhause also in mir selbst zusammen. »Der Raum unseres Lebens ist weder kontinuierlich, noch unendlich, noch homogen, noch isotrop. Doch wer weiß, wo genau er zerbricht, wo er sich krümmt, wo er sich trennt und wo er sich wieder zusammenfügt?«[7]

In Märchen sind Häuser aus allem Möglichen zusammengeflickt: aus Stroh, Holz oder Backsteinen, man ist darin mehr oder minder sicher. Die dünnen Wände zeugen von den unsicheren Lebensumständen. Im Knusperhäuschen wiederum riskiert man, gefressen zu werden. Manchmal sind Häuser in den Kinderbilderbüchern auch aus Wolken und lassen von Leichtigkeit und Weichheit träumen. Oder sie werden in Bäumen gebaut, man stellt sie sich unter dem Meer vor oder in einer Riesentulpe.[8] Wir träumen immer von einem anderen Zuhause, einem Haus, in dem man sich nie mehr stoßen müsste und das uns einhüllen würde, in Erinnerung an unseren ursprünglichen Kokon. Doch wir können uns auch die Angst vor einem formlosen Haus ausmalen wie bei den Bauten von Erwin Wurm mit ihren allzu geschmeidigen Wänden oder vor einem Wohnhaus mit krummen Böden und unebenen Mauern, wie es Hundertwasser in Wien entworfen hat, mit Schrägen und abgerundeten Ecken. Man kann sich darin kaum fortbewegen, ohne auf seine Schritte zu achten. Man erlebt geradezu körperlich die Sorgen eines chaotischen und unruhigen, unregelmäßigen Lebens. Wir taumeln, und dieses Schwanken lässt uns auf der Hut sein.

Was ist das also für ein Traum von einem eigenen Platz? Von einem Ort für uns allein, einer Ordnung, in die man sich einfügt, von einer beruhigenden Wirklichkeit mit festen Plätzen? Handelt es sich um die Suche nach einem eigenen Ort, der uns nicht in Frage stellt, der uns nicht überfordert, einem Ort, der uns durch seine Vertrautheit das Leben erleichtert? Und doch wissen wir, wie ambivalent diese Vertrautheit ist, die uns durch ihre fehlende Abwechslung, ihre Eintönigkeit und immer gleiche Identität ausdörrt und verarmen lässt. Wir lassen uns von der Bequemlichkeit des Gleichförmigen und der Illusion der Stabilität täuschen. Es stehen sich offensichtlich zwei Vorstellungen gegenüber. Auf der einen Seite die der realen oder symbolischen Orte, die als Sockel oder Fundamente verstanden werden, auf die sich unsere Identität stützt. Wir sehen uns also in einer Traditionslinie, fühlen uns verwurzelt oder auf einem Grund und Boden, der uns Geborgenheit vermittelt und auf dem wir uns zurechtfinden. Auf der anderen Seite können wir wie Henri Michaux einen Rundgang um unsere Besitzungen machen, ohne uns darin wiederzuerkennen. Oder wir können uns wie wiederum andere als Reisende unseres Gepäcks und unserer Bindungen entledigen. Ein nomadisches Leben führen.[9] Dennoch bleibt das Risiko, wie Gaston Bachelard treffend bemerkt, »draußen eingesperrt zu sein«. Manchmal, so erläutert er, ist »das Gefängnis draußen«.[10]

# »Ein jedes Ding an seinen Platz«

»In diesen Augenblicken träume ich von einer leeren, unberührten Arbeitsfläche: Alles ist an seinem Platz, nichts steht über, alle Stifte sind schön angespitzt.«

Georges Perec, *Denken/Ordnen* [*Penser/Classer*]

Nach welcher Logik füllen sich unsere Räume und unsere Leben? Welchem Zufall, welchem Unvorhergesehenen verdankt das, was darin einen Platz einnimmt, sein Da-Sein? Ist es nicht letztlich eher zufällig, was auf unserem Schreibtisch herumliegt oder wer in unserem Leben verweilt?

Können wir einen eigenen Platz haben, so wie jedes Ding in einer wohlgeordneten Welt seinen Platz haben soll? Und haben die Dinge wirklich einen festen Platz? Diese Vorstellung dient wahrscheinlich nur dazu, uns zu beruhigen, wenn unser Leben unbeständig und unsicher ist. Ordnung schaffen, klassifizieren, einsortieren wären demnach unsere dürftigen Mittel, mit denen wir gegen das Gefühl eines gigantischen Durcheinanders oder eines fehlenden Zwecks, einer Sinnlosigkeit unseres Lebens ankämpfen. Wir würden gern »unseren Raum ordnen«, wie Georges Perec in *Denken/Ordnen* schreibt. Wir würden gern unser Leben so aufräumen können, wie es uns vorübergehend gelingt, unseren Schreibtisch aufzuräumen.

> »Dieses Ordnen meines Raums verdankt sich selten einem Zufall. Meistens fällt es mit dem Beginn oder dem Ende einer bestimmten Arbeit zusammen; es geschieht mitten an diesen unbeständigen Tagen, an denen ich nicht genau weiß, ob ich überhaupt loslegen werde, und an denen ich mich allein an diese Rückzugsmanöver klammere: ordnen, sortieren, Ordnung schaffen. In just diesen Momenten träume ich von einer leeren, unberührten

> Arbeitsfläche: Alles ist an seinem Platz, nichts steht über, alle Stifte sind schön angespitzt […], es liegt kein Papier herum, nur ein Heft mit einer aufgeschlagenen leeren Seite.«[1]

Wir träumen von einer Ordnung, in der jedes Ding an seinem Platz wäre und in der auch wir am rechten Fleck wären. Diese Ordnung würde das Mögliche zum Vorschein bringen, so wie eine neue Idee auf einer leeren Seite auftaucht. Doch unsere Leben werden ähnlich wie unser Arbeitstisch schnell von Gegenständen überfrachtet, die der Zufall oder die flüchtigen Erfordernisse vor uns platzieren, woraufhin sie sich für einen Moment oder dauerhaft in unser Leben einfügen und dort Platz einnehmen.

Warum fällt mir das Aufräumen so schwer? Vielleicht genau deshalb, weil im Gegensatz zu dem, was wir für selbstverständlich halten, jedes Ding mehrere mögliche Plätze, also keinen endgültigen, festgelegten Platz hat. Bei mir sind die Dinge verstreut, sie bleiben wie quirlige Kinder nie ruhig an einem Ort. Es gibt nicht immer einen eindeutigen Ort für eine Sache. Die Dinge sortieren, sie wieder in Ordnung bringen, an ihren Platz räumen verlangt mir jedes Mal eine ungeheure Energie ab. Es gibt einfach so viele verschiedene Weisen, Dinge zu ordnen: einen Kleiderschrank einzurichten, seine Papiere zu sortieren, seine Bücherregale zu ordnen. Und obwohl der praktische Aspekt oft die Oberhand gewinnt, ist damit die Frage noch nicht beantwortet. Denn Plätze sind keine Selbstverständlichkeit. Weder die von Gegenständen noch die von Personen. Natürlich haben Letztere oft einen bereits festgelegten Ort, zumindest theoretisch, durch ihre Stellung, ihre Funktion, ihre Beziehung zu mir. Der Zufall der Geburt, die Umstände, der soziale Determinismus, all diese Faktoren haben meiner Schwester, meinem Vorgesetzten, meinen Freunden, meinen Nachbarn einen

Platz in meiner »Welt« gegeben. Einen zentralen und dauerhaften oder im Gegenteil einen prekären, flüchtigen, zufälligen Platz.

Selbst wenn diese Ordnung vorläufig ist, selbst wenn sie umgeworfen werden kann, brauchen wir sie, so wie wir einen durch Gewohnheiten organisierten Alltag brauchen. Doch die Ordnung hat, wie der Psychoanalytiker J.-B. Pontalis betont, zwei Gesichter: Sie kann uns beruhigen oder bedrücken.[2] Was an seinem Platz bleibt, ist auch unbeweglich. Der Platz, den man behält, schreibt uns in eine gewisse Stetigkeit ein, doch er kann uns zugleich den Elan rauben. Gegen seine Ordnung zu verstoßen, und sei es auch nur minimal, ist für uns daher verlockend. Wir stiften Unordnung innerhalb unseres Zimmers. Ob Kind oder Erwachsene, wir erproben die Grenzen eines fröhlichen Durcheinanders, das uns vom alltäglichen Einerlei befreit: »Wir […] stellen die Welt innerhalb der engen Grenzen [unseres] Zimmers auf den Kopf.«[3] So als wollten wir uns selbst davon überzeugen, dass dieser Platz, den wir einnehmen, uns nicht einhegen kann.

Denn manchmal zwingt uns unser Platz in eine Identität, legt sie fest, obwohl sie gar nicht mehr unsere ist. Was sagt dieser ach so vertraute Ort noch an Wahrem über mich aus? Handelt es sich nicht lediglich um die Erinnerung der Person, die ich einmal war? Wer hat sich nicht schon darüber geärgert (oder heimlich darüber gefreut), noch am Kindertisch zu sitzen? Ist dieser Platz da, in dieser Familie, in dieser sozialen Situation noch meiner, oder ist es der Platz einer Person, die ich nicht mehr bin?

Die Routine und die gewohnten Sitzplätze beruhigen uns, doch gleichzeitig macht uns die Vorstellung Angst, wir könnten zu ihren Gefangenen werden.[4] Wir sind sowohl über eine unbeständige, schwankende Ordnung beunruhigt, die uns ebenfalls wanken lässt, als auch unzufrieden mit der

Vorstellung, wir kämen nicht vom Fleck. Unser ambivalentes Verhältnis zur Ordnung der Welt und zum Platz jedes Einzelnen erklärt die Schwankungen in unserem Dasein, das Zögern in Bezug auf reale und symbolische Orte, die wir bewohnen. So erwarten wir oft von einem Ortswechsel, dass er innere Bewegungen, intime Veränderungen hervorbringt, bestätigt oder verwirklicht.

Doch die Ordnung stuft mich nicht nur ein, sie degradiert mich auch. Und wir misstrauen Platzzuweisungen, die uns Verhaltensweisen vorschreiben und unsere Handlungen vorherbestimmen. Die Aufforderung »Bleib da, wo du hingehörst« richtet sich häufig an jene, die die bestehende Ordnung, etablierte Hierarchien und herrschende Mächte zu stürzen drohen. Wem man befiehlt, an seinem Platz zu bleiben, den möchte man in einem minderwertigen, zweitklassigen, untergeordneten Raum festhalten. In der Machtstruktur von Paaren, innerhalb der Familie und auf der Arbeit können dadurch Frauen, Kinder, Hausangestellte oder Arbeiter mundtot gemacht werden. An seinem Platz bleiben bedeutet, zu schweigen, nicht über das zu reden, was wir nicht verstehen sollen, was uns nichts ›angeht‹. Gerade der, dem man befiehlt, an seinem Platz zu bleiben, hat bereits damit begonnen, sich woanders umzuschauen. Jenseits der Küche, der Fließbandarbeit, der Textilfabriken.

Wenngleich wir uns eine Welt vorstellen können, in der jedes Ding seinen Platz hat, sollten wir uns doch vor einer Gesellschaft hüten, in der jede Person einen vorherbestimmten Platz einnehmen würde. Perec unterstreicht, wie gewaltsam Einstufungen, festgelegte Ordnungen und Platzzuweisungen sein können. »Hinter jeder Utopie«, mahnt er, »gibt es immer einen großen taxonomischen Plan: einen Platz für jedes Ding, und jedes Ding an seinen Platz!«[5] Diese starre Ordnung bedeutet: einstufen, herabstufen, verdrängen, neue Plätze verweigern und damit einhergehend Dynamiken, Austausch und Begegnungen unterbinden. Sie bedeutet zu unterscheiden und zu trennen, um sich zu vergewissern, dass sich die Wege der einen und anderen nicht kreuzen. Die Vorstellung, dass ›jedes Ding seinen Platz hat‹, schürt Angst. Sich solche Aufstellungen vorzustellen bedeutet, jedem einen festgelegten Platz zuzuweisen, ihn in ein kleines Kästchen zu sperren, mit einem Etikett an die Wand zu pinnen wie in einem altmodischen Naturkundemuseum. Doch dazu gehört auch, dass die Plätze nicht umverteilt werden können. »Jeder an seinen Platz« lässt, wie Perec bemerkt, überhaupt keinen Raum, weder für Zufall noch für Differenz.[6]

In diesem großen Setzkasten ist kein Platz für Überraschungen oder Unvorhersehbares. Die Kontrolle der Räume, der dort stattfindenden Tätigkeiten und selbst der Gesten, die diese Aktivitäten begleiten, die Sehnsüchte der Utopie sind latenter Ausdruck eines Ordnungsbedürfnisses. Man ordnet ein, um das (vermeintlich) zu beherrschen, was sich uns in Wirklichkeit entzieht. In solchen Utopien stellt man sich eine Welt vor, deren Plätze schon im Vorhinein vergeben sind. Doch das Eigentümliche eines Platzes besteht zweifellos genau darin, dass er niemals aufhört, sich zu bewegen, dass er verschoben wird oder denjenigen versetzt, der glaubt, er könne sich dort niederlassen.

In diesen geordneten, geplanten Welten wäre es eine Illusion, zu glauben, dass der mir zugewiesene Platz meine Persönlichkeit oder meinen Wert widerspiegelt. Im Gegenteil scheint sich die Einzigartigkeit jeder Person in dieser Ordnung zu verlieren. Sich solche eingehegten Welten vorzustellen bedeutet, zu glauben, dass nichts und niemand unvorhersehbar, nicht einstufbar oder wirklich frei ist, dass letztlich jeder in eine Liste, eine Reihe aufgenommen werden kann, in der sich besondere Charaktere auflösen, in der die persönliche Identität verschwindet. Die Idee zu akzeptieren, dass »nichts auf der Welt so einzigartig ist, dass es nicht auf eine Liste passen würde«, ist, wie Perec sagt, »aufregend und erschreckend zugleich«.[7]

Die Liste ist etymologisch gesehen der Saum. Indem man Listen anfertigt, rahmt man die Welt; man gibt den Dingen und Geschöpfen eine Ordnung, um zu verhindern, dass sie aus dem Rahmen fallen. Man setzt Grenzen, man gibt sich den Anschein, die Realität zu beherrschen und ihre Struktur abbilden zu können. Doch jede Liste stellt nur eine Perspektive dar, und jede Liste erstellt eine Rangordnung mit Prioritäten und impliziten Wertschätzungen. Jede Liste setzt uns der Gewalt der Einstufung, der Hierarchien und »Rankings« aus, der Gewalt der Zahl, die unseren Platz bestimmt und vorgibt, unseren Wert darzustellen. Die Gewalt der quantitativen Logik tritt an die Stelle der langsameren und subtileren Anerkennung von Qualitäten. Wir können in jedem Augenblick eingestuft werden, unseren Namen in einer Liste finden, in einer Spalte eingeordnet, in der wir uns nicht wiedererkennen und die uns im Voraus stigmatisiert oder verurteilt.

Ich suche meinen Namen auf der Liste. Ich finde ihn schließlich. Ich bin erleichtert, darauf zu sein, dazuzugehören, zu denen zu gehören, die einen neuen Platz ergattert haben. Doch welche Verrenkungen waren notwendig, um auf die Liste zu gelangen? Welche Verstellungen, welche unechten Haltungen, welche Tricks? Sollte man sich nicht besser wünschen, ›unauflistbar‹ zu sein? Die Liste wirft Fragen nach der Einzigartigkeit der Menschen auf. Bin ich wirklich glücklich darüber, auf der Liste dieses Don Juan zu stehen? Worin besteht die Freude, die Nummer *mille e tre* seines endlosen Katalogs zu sein, in dem jede Frau willkommen ist, »wenn sie nur einen Rock anhat«?[8] Wenn ich in dieser Liste der Eroberungen, inmitten dieser »Frauen jeden Standes, jeder Gestalt, jeden Alters« untergehe, wer bin ich dann noch? Auf einer Liste stehen, sich einreihen bedeutet, dass man ersetzbar ist. Doch es bedeutet darüber hinaus, dass man in einer Ordnung gefangen ist. Welcher Platz auf der Liste ist unser, sind wir Erste oder Letzte? Auf welcher Liste muss man Erste sein? Wann zieht man es vor, die Allerletzte zu sein?

## Aussteigen

Wir können darunter leiden, dass wir keinen festen Platz haben, genauso wie wir daran verzweifeln können, zu sehen, dass unser Platz seit langem vorgezeichnet ist. Es scheint, als ob er auf uns warten würde, als wären wir allein dazu da, dieses Feld auf dem großen sozialen Schachbrett auszufüllen. In seinem Roman *Ein Mann, der schläft* [*Un homme qui dort*] drückt Perec diese Angst vor einem Leben aus, das bereits vorherbestimmt ist und innerhalb dessen jede Weggabelung vorhersehbar erscheint, so als müsste der Einzelne unvermeidlich von dem eingeholt werden, was er zu sein hat, was man von ihm erwartet. Als würde die Trägheit der gesellschaftlichen Ordnung einen in einer Tragödie ohne Transzendenz im Voraus dazu verurteilen, dass man nur man selbst sein kann, dass man sich nicht vorstellen kann, anders zu sein, und es niemals wagt, die ausgetretenen Pfade zu verlassen. Genau diesem Leben im Automatikmodus versucht der Protagonist in Perecs Roman zu entkommen, indem er abrupt jegliche Bewegung einstellt, sich eines Morgens weigert, aufzustehen, und so der gesellschaftlichen Maskerade ein Ende setzt:

> »Du hast kaum gelebt und dennoch ist schon alles gesagt, alles zu Ende. Du bist erst 25 Jahre alt, aber dein Weg ist vorgezeichnet. Die Rollen, die Etiketten sind vorbereitet: Vom Töpfchen deiner frühesten Kindheit bis hin zum

> Rollstuhl im Alter sind alle Sitze schon da und warten nur auf ihren Einsatz. Deine Abenteuer sind so gut beschrieben, dass selbst deine stärkste Revolte niemanden auch nur mit der Wimper zucken lassen würde.«[1]

Wenn jeder Augenblick bereits vorhersehbar ist, wenn unser Leben längst im Vorhinein entschieden ist, wollen wir dieses Spiel dann noch spielen?[2] Wenn die zwingende Kraft der Bestimmung, die uns Plätze und Rollen zuweist, uns selbst der Macht zu wählen beraubt, besteht vielleicht die einzige verbleibende Möglichkeit darin, das Spiel und die Scheinfreiheit zu verweigern und auszusteigen. Der Held steht nicht auf, wird die Prüfung nicht ablegen, sein »Platz bleibt leer«.[3] Unsere individuelle Existenz scheinen wir demnach besser im Ausstieg, in der sichtbaren Abwesenheit behaupten zu können, als wenn wir uns perfekt innerhalb des gesellschaftlichen Rasters an dem Ort einfügen, den man uns zuweist. Wie es der Erzähler ausdrückt: »Du bist lieber das fehlende Teil des Puzzles.«[4]

Wenn mein Platz so eindeutig vorgeschrieben ist, wenn die Form meines Lebens bis in die feinsten Konturen hinein derart vorgezeichnet scheint, bleibt mir nur noch die Abwesenheit, um sichtbar zu werden. Wollen wir aus uns selbst heraus leben und uns gegen den Platz auflehnen, der uns nicht gefällt, ist der Rückzug oder das Verschwinden paradoxerweise manchmal das letzte Mittel, um sich einen anderen Platz zu erkämpfen.

Wenn ein Kind sich ein wenig zu lange versteckt, wenn ein Jugendlicher für einige Stunden oder Tage ausreißt, wenn Erwachsene spurlos verschwinden, was sagen sie uns damit über ihren früheren Platz oder ihren Wunsch, ihm zu entkommen? Das Bedürfnis, nicht da zu sein, wo man uns erwartet, sich seiner Angst vor einem anderen Ort oder der Einsamkeit zu stellen, kann diese Ausflüge aus dem gewohnten Kreis heraus, diese Bewegungen an die Grenze unseres angestammten Reviers motivieren. Doch wir verlassen auch Plätze, um andere auszuprobieren, weil uns dort die Luft zum Atmen fehlt oder weil sie nicht mehr zur neuen Form unseres Lebens oder unserer Identität passen. Es handelt sich nicht nur um ein Spiel mit der Idee des eigenen Verschwindens, sondern auch mit der Idee eines anderen möglichen Ortes, an dem wir etwas vollkommen Neues über uns erfahren könnten.

In Perecs Roman betrachtet der »Mann, der schläft«, an der Decke winzige Eidechsen und an der Wand einen gesprungenen Spiegel, der sein Gesicht gesplittert zurückwirft.[5] In seinem Bewusstsein zerbricht etwas: die alte, ach so vertraute Überzeugung, dass uns ein Platz entspricht, der unsere Identität bestimmt, obwohl die Erfahrung und die Geschichte uns stattdessen lehren sollten, dass die Plätze, die wir einnehmen, kontingent und prekär sind. Als er beim Versuch, einen Text zu lesen, immer wieder den Faden verliert, wird dem »Mann, der schläft«, plötzlich bewusst, wie schnell der Lebensfaden reißen kann, und er beginnt, an der angeblichen Kontinuität des Daseins zu zweifeln. Dessen Absurdität wird ihm »an einem Tag im Mai, an dem es zu heiß war«, bei einer zu bitteren Schale Nescafé abrupt klar. Etwas ist zerstört, hat sich verändert und aufgelöst. Die arglose Vorstellung, dass das Leben wie die Flugbahn eines Pfeils verläuft, das wohlige Gefühl, eine Existenz und eine Bedeutung zu haben, ist dahin. Doch auch das Empfinden, einer Welt »zuzugehören, in sie einzutauchen, beginnt zu schwinden«. Die Person entzieht sich, löst sich von der Welt, hört auf, eins mit ihr zu sein. Distanz stellt sich ein, Zweifel kommen auf, das Zugehörigkeitsgefühl schwindet. Die Selbstverständlichkeit, mit der sie zuvor an der Realität teilhatte, sich ihr verschrieb und in sie eintauchte, geht verloren. Sie wird nicht mehr vom Glauben an einen existentiellen Sinn und einen Platz, der Sicherheit und Anerkennung bedeutet, getragen und gestützt. Die Welt gerät ins Wanken, oder vielmehr entfernt sie sich von der Person. Sie wird in deren Umlaufbahn katapultiert.

Obschon dieser Roman eine melancholische Figur[6] präsentiert, stellt er zugleich auch die Frage nach der Unmöglichkeit, ein Leben ohne Überraschungen, ohne kreative Entwicklung zu akzeptieren. Wenn sich die Suche nach meinem eigenen Platz darin erschöpft, der Gebrauchsanleitung eines Lebens zu folgen, das bereits vollständig ausgearbeitet ist, dann ist dieses Leben nicht mehr beruhigend, sondern im Gegenteil umso unerträglicher, je schwieriger jeder Ausdruck von Einzigartigkeit von vornherein scheint. In diesem Gesellschaftsspiel sind die Spielfiguren austauschbar. Ein anderer Student wird den Platz einnehmen, der nach der Rangliste der Aufnahmeprüfung meiner gewesen wäre; er wird die Frau heiraten, die ich im Lauf dieses Studiums kennengelernt hätte; er wird das Einfamilienhaus in der Vorstadt bewohnen, das meines hätte sein können. In diesen archetypischen Laufbahnen verschwindet das Individuum auf einer allzu vorhersehbaren gesellschaftlichen Laufbahn. Was bleibt von seinem eigenen Willen? Worüber entscheidet es wirklich? Für Perecs Antihelden besteht die einzige Möglichkeit, seine Subjektivität auszudrücken, darin, in das Spiel gar nicht einzusteigen, den Platz leer zu lassen, ohne sich Illusionen darüber zu machen, dass dieser schnell durch einen anderen besetzt werden wird. Ein vergeblicher Ausstieg? Zweifelsohne. Zugleich verleiht er der Gewalt eines sozialen Determinismus Ausdruck, dessen Laufbahnen Trassen sind, für deren Verlassen man einen sehr hohen Preis zahlt. Wir werden später noch auf den ›Preis‹ für die Augenblicke, in denen man ›entgleist‹, zurückkommen.

Während das Aussteigen in Perecs Werk eine nahezu metaphorische Form annimmt, zeigt es sich im eigentlichen Sinne des Wortes noch stärker in den Fluchtwegen, die andere literarische Gestalten einschlagen. Die Geschichten über moderne Bohemiens, sozusagen Asphaltnomaden, füllen unzählige Regalmeter. Warum sind manche Menschen nicht in der Lage, an ihrem Platz zu bleiben?

## Nicht an seinem Platz bleiben können

»Wissen wir, warum genau die Menschen fortgehen?«

Michaël Ferrier, *Mémoires d'outre-mer* (›Erinnerungen an Übersee‹)

Sie wissen nicht immer, weshalb sie fortgehen, noch warum der bisherige Platz ihnen nunmehr unerträglich erscheint. Sie spüren vage und fast körperlich, dass sie nicht länger bleiben können. Der Aufbruch oder manchmal sogar die Flucht drängen sich als eine Notwendigkeit auf, die gleichermaßen unerklärlich wie unerlässlich erscheint. Man wird zweifellos Gründe finden, Rechtfertigungen, doch das Fernweh ist nichts anderes als der Wunsch nach Freiheit. Man muss sich befreien, sich von jeder Verpflichtung freimachen, um durch nichts mehr gebunden zu sein. Diese negative Freiheit beginnt damit, dass alles abgelehnt wird, was wie eine (Bindungs-)Falle erscheint, sie ist gleichbedeutend mit Unerbittlichkeit. Sie zerreißt alles, sie findet Befreiung in der Zerstörung dessen, was vorher war. Durch das Opfern aller Bindungen erkauft sie sich die Leichtigkeit des Menschen ohne Gepäck. Der Schriftsteller Michaël Ferrier schildert diesen Charakter in *Mémoires d'outre-mer* (›Erinnerungen an Übersee‹):

»Ein Mensch, der fortgeht: Der Spalt in der Mauer, der Riss im Gewebe. Welche Anmut, aber auch welche Gewalt liegt in diesem Leben ... Fortgehen, alles wegwerfen. Vor allem nicht zurückkehren, ohne ein weiteres Wort fortgehen. Sich aus der Hypnose, aus den mechanischen, schlafwandlerischen Routinen befreien, aus dem Uhrwerk des Todes heraustreten.«[1]

Dieser Aufbruch wiederholt den Schritt des ›Existierens‹ selbst, denn das Wort geht auf das lateinische Verb für ›heraustreten aus ...‹ zurück. Sich aus dem, was uns in einer tristen Wiederholung festhält, herauslösen. Der Aufbruch hat mit seinem Gegenteil, der mechanischen Gewohnheit, zu tun. Mit dem, was erstarrt und tot ist, was funktioniert, ohne lebendig zu sein. Man lebt nicht mehr sein Leben, man gehorcht ihm. Es ist wie eine Hypnose, eine Schlaftrunkenheit, ein gedämpftes Bewusstsein. Ein halbes Leben. Eintönig, repetitiv und bar jedes Anliegens, jeder Lust, jedes Elans. Ein Leben, ohne da zu sein, ohne Intensität, in Abwesenheit von sich selbst.

Die Zelte abbrechen und fortgehen bedeutet, sich selbst eine Chance zu geben, sich zu begnadigen und sich zu retten. Durch die Zerstörung wird notwendigerweise geopfert, was nicht länger als Rahmen oder Rhythmus unseres Lebens taugt. Diese Loslösung bedeutet, sich diesem Leben zu entziehen, alles abzustreifen, seien es Bindungen oder Besitz, was uns mit ihm verband; sie bedeutet radikale Befreiung und die Rückkehr der Bewegung: »Plötzlich gibt es nichts mehr, was einen festhält oder blockiert, nichts, was einen zurückhält. [...] Jeder Aufbruch geht mit Klarheit einher.«[2] Nicht länger akzeptieren, was uns festhält, sich der Dinge entledigen, sich von den Menschen befreien.[3] Denn genau das ist das »Verbrechen des Existierens«, wie es der Autor ausdrückt: Es setzt den Mut, vielleicht auch die schuldbewusste Freude voraus, »alles hinzuwerfen« und die Seinen zurückzulassen.

Was sagen uns diese Männer und Frauen, die es an keinem Ort hält? Sie bringen vor aller Augen den oft unterdrückten Wunsch zum Ausdruck, alles hinzuschmeißen, alles stehen- und liegenzulassen, mit all der Rücksichtslosigkeit und dem Egoismus, die diese Handlung auszeichnen. Sie bekunden ihre Sehnsucht, überhaupt keinen Platz zugewiesen zu bekommen und sich von jeglicher Verantwortung zu befreien. Den Platz gegen die Flucht zu tauschen, den Ort gegen die Bewegung, die Stabilität gegen das Fortkommen. Es geht nicht darum, ein Ziel zu erreichen, sondern den Kurs dorthin abzustecken.[4] In genau diesem Akt des Aufbruchs liegt das Abenteuer, aber vielleicht auch das Gefühl, dem Stillstand und dem Determinismus, einem hoffnungslosen Schicksal oder der Falle einer gesellschaftlichen Position, in der man stagniert, zu entkommen. Der Mensch, der fortgeht, bringt eine Versuchung zum Ausdruck, die uns alle lockt, und er verkörpert die Möglichkeit, anderswo zu sein als dort, wo wir durch Zufall geboren wurden, dort, wo man uns erwartet. Diese Kühnheit, diese Form des Ungehorsams ruft ambivalente Gefühle hervor. Wir schwärmen für den Menschen, der fortgeht, sind neidisch auf ihn oder verurteilen ihn. Doch sein Beispiel eröffnet auch neue Perspektiven: Auch wir könnten uns einfach nicht damit zufriedengeben, an unserem Platz zu bleiben. In einer Passage mit Proust'schem Einschlag beschreibt Michaël Ferrier diesen Befreiungsakt als Bedingung für radikale Freiheit:

> »Ein Mensch, der fortgeht, löst stets eine Art ängstlichen Schauders aus, der sich zwischen Sehnsucht und Furcht bewegt, und ruft allgemein die einhelligste aller Missbilligungen hervor. […] Was hat er nur, dass er einfach so

geht? Er kann nicht an seinem Platz bleiben. Ein Mensch, der fortgeht, durchbricht ganz allein den Lauf der Zeit, die Ordnung der Jahre und Welten, er zeigt, dass Schichten sich mischen oder aufbrechen können, dass die Musik der Zeit vielfältig ist und dass er frei ist, so zu leben, wie er möchte.«[5]

Nicht an seinem Platz bleiben zu können bedeutet, dass man sich weigert, an einen Ort gebunden, auf einen Rhythmus festgelegt, zu einer Lebens- oder Denkweise gezwungen zu werden. Es bedeutet, sich nicht auf eine einzige Seinsweise beschränken zu lassen, sondern sich den Luxus zu leisten, andere Lebensweisen auszuprobieren. Es bedeutet, aus unserem Leben auszubrechen wie aus einem Netz, in dem man gefangen ist; sich durch dieses seitliche Ausscheren zu befreien, seinen Platz in der Rangordnung zu verlassen und diese selbst in Frage zu stellen. Es bedeutet, nicht länger zurückgehalten, gebremst und unter Druck gesetzt zu werden. Beschränkungen abzulehnen. Sich eine absolute Bewegungs- und Denkfreiheit zu gönnen.

In diesem Akt, dessen Unerbittlichkeit bereits beschrieben wurde, kommt nicht nur der Egoismus eines Menschen zum Ausdruck. Wahrscheinlich drückt sich in dieser Bewegung des Aufbruchs sein innerstes Wesen aus. Vielleicht können einige nur mit diesen unaufhörlichen Ortswechseln ihr Dasein auf der Welt ertragen. Zweifellos gibt es Individuen, unter denen die Erde unentwegt bebt und droht, sie unter einer erdrückenden Last zu begraben. Menschen, die feste Bindungen und Verpflichtungen wie eine unsägliche Freiheitsberaubung empfinden, denen Stabilität und Zuverlässigkeit unmöglich, unerträglich sind. Vielleicht darf man diejenigen, die fliehen, nicht unter Druck setzen, sondern muss in ihnen diese innere Unfähigkeit anerkennen; vielleicht leiden sie ja darunter, sich zu binden, sich festzulegen.

In seinem Roman mit dem Titel *Allerorten* [*Par les routes*], behauptet Sylvain Prudhomme, dass »es zwei Kategorien von Leuten gibt. Jene, die fortgehen. Und jene, die bleiben.«[6] Die Protagonisten sind alte Freunde aus einer nomadenhaften Jugend ohne Bindungen: Der Schriftsteller Sacha und eine Person wie aus einem Kerouac-Roman, die als der Anhalter bezeichnet wird – als würde seine Unfähigkeit, dauerhaft an einem Ort zu bleiben, ihn auch daran hindern, eine feste Identität auszubilden. Die beiden Männer treffen sich nach über zwanzig Jahren zufällig in einer Kleinstadt im Südosten Frankreichs wieder, wo Sacha, vierzig Jahre alt und ledig, hofft, weit weg vom Pariser Großstadtgetümmel »ein neues Leben anzufangen«.[7] In dieser Stadt, die ebenfalls anonym bleibt, als könne man sich dort neu erfinden, strebt Sacha nach einem Neuanfang. An diesem stillen und ruhigen Ort erwartet er, seine innere Einheit wiederzufinden:

> »Ich hatte mich nach dieser Ruhe gesehnt. Es schien mir, als könnte ich in V. die Konzentration wiederfinden, die Askese, die mir seit Jahren fehlte. Die richtige Dosis an Abgeschiedenheit, die es mir schließlich erlauben würde, mich zu sammeln, mich wieder zu fangen und vielleicht ein neues Leben zu beginnen.«[8]

Doch dieser Ort, an dem sich Sacha neu besinnen möchte, ist zugleich der Ort, dem der Anhalter regelmäßig entflieht, von dem aus er immer ein bisschen länger und ein bisschen weiter von seiner Frau Marie und ihrem Sohn Agustín fortgeht. Als wäre er zwanzig Jahre später immer noch nicht in der Lage, sich dauerhaft real oder emotional in eine Landschaft einzufügen, sich niederzulassen, innezuhalten. Wie zu Jugendzeiten lässt er nur über Postkarten von sich hören, auf denen er knapp von seinen Reisen berichtet. Diese Postkarten werden immer seltener, und es wird klar, dass sein letzter

Ausflug in Wirklichkeit eine Flucht ohne Wiederkehr darstellt. Sacha, der sich Marie angenähert hat, verkörpert nunmehr denjenigen, der bleibt und auf den man sich verlassen kann. Denjenigen, der an seinem Platz bleibt. Er nimmt zwar nicht den Platz des Anhalters ein, der die Rolle des Partners oder Vaters nie wirklich ausgefüllt hat, doch Sacha erkämpft sich einen Platz bei Marie und Agustín. Durch seine Präsenz und seine Konstanz füllt er diesen Raum, den er genauso offensichtlich zu benötigen scheint wie die beiden.

An diesem Beispiel sieht man sehr gut, dass der Platz weitgehend gleichbedeutend mit einer langfristigen Verpflichtung und damit ist, sich auf Dauer einer Sache zu verschreiben. Der Platz bezieht sich ebenso sehr auf den Ort wie auf die Zeit. Er ist ein Verhältnis zu sich selbst und anderen, das verpflichtet, das bindet. Genau deshalb ist er beunruhigend.

Zweifelsohne müssten wir auch über diejenigen sprechen, die sich nicht vorstellen können, innezuhalten, diejenigen, für die sich der Platz zur Linie verformt, zum Pfeil, der sich unaufhörlich ausdehnt, von einem Punkt zum nächsten; diejenigen, deren Energie der Bewegung entspringt. Wir müssten über die Freude sprechen, unterwegs zu sein, sich nur auf der Durchreise zu befinden, über die Freude, zu entdecken, was andere Länder, andere Anblicke mit uns machen, in wen uns die Berührung mit Differenz und Andersartigkeit verwandelt. Über die Freude daran, niemals sesshaft zu werden, immer auf dem Sprung zu sein, immer schon ein neues Anderswo im Blick zu haben.

## Wurzeln schlagen

Manche Menschen fliehen, um schlechten Wegen zu entkommen oder um nicht von dem vor ihnen liegenden Treibsand verschluckt zu werden, so wie man auch heranrollenden Schlammmassen ausweichen würde. Sie ergreifen die Flucht, um ein Scheitern zu vermeiden, um sich der zwangsläufigen Scham zu entziehen. Doch ausgerechnet die Person, die wir nicht werden möchten, ist uns häufig am nächsten. Der verhasste Platz gehört einem Menschen, der uns nahesteht. Dem Vater, der Mutter, dem Bruder als schlechtem Vorbild, als abschreckendem Beispiel. Ihrem traurigen Schicksal hoffen wir zu entgehen. In *Der Liebhaber* [*L'Amant*] von Marguerite Duras verkörpert die Mutter diese Scham. Sie ist diejenige, deren Wesen und deren Worte die Heldin zur Flucht auffordern. Es gilt, ihrem Los zu entgehen.[1] Die Mutter bewegt die Erzählerin dazu, einen Ausweg aus der Sackgasse ihres Lebens als Teil einer mittellosen Auswandererfamilie zu finden.

> »Sie sieht mich nicht an, sie sagt: Vielleicht schaffst du es hier raus. Tag und Nacht diese fixe Idee. Es geht nicht darum, etwas zu erreichen, sondern nur darum, von dort wegzukommen, wo man sich befindet.«

Fliehen, sich verdrücken, um sich aus der Affäre zu ziehen, die Orte des Scheiterns hinter sich lassen. Davonkommen. Das Ziel ist unbekannt, doch wir wissen, wovor wir fliehen, wir wissen, welchem verhängnisvollen Schicksal, welcher schrecklichen Geschichte wir entkommen wollen. Alle Zelte abbrechen, die Vergangenheit, die uns von vornherein zum Scheitern verurteilt, hinter uns lassen. Ein neues Kapitel aufschlagen, indem wir den Ort wechseln, indem wir vergessen, wer wir sind. Auswandern, verschwinden und woanders wieder auftauchen, wie neugeboren, anonym.

Genau das versucht auch die weibliche Hauptfigur in Laurent Mauvigniers *Histoires de la Nuit* (›Nachtgeschichten‹). Doch ähnlich wie die seltsame Tätowierung der Protagonistin, die ein Stigma ihrer Vergangenheit als Außenseiterin darstellt, bleibt unsere eigene Vergangenheit tief in uns eingeprägt und beschämt uns. Der Ort, dem ich entfliehe, folgt mir wie ein Schatten und stellt eine ständige Bedrohung für mein neues Leben dar. Diesen Platz, den ich hinter mir lassen will, schleppe ich ungewollt mit mir herum, diese verfluchte Identität bleibt die meine, wie sehr ich mich auch bemühe, sie zu verheimlichen. Die Zeugen dieser Vergangenheit halten mich an diesem Platz gefangen und bekräftigen ständig aufs Neue, dass dort meine wahre Identität liegt. Sie werden nicht müde, mich daran zu erinnern, wer ich war, als ob mich diese Vergangenheit dazu zwingen würde, dieselbe Person zu bleiben. Inwiefern sind wir der Person Rechenschaft schuldig, die wir nicht mehr sein wollen? Welche falschen Loyalitäten werden von jenen beschworen, die es nicht ertragen, dass wir fortgegangen sind, dass wir uns verändert haben? Wenn einigen so daran gelegen ist, uns ein für alle Mal an unseren alten Platz zurückzuholen, wenn sie sich durch unser Weggehen verraten fühlen, liegt es zweifellos daran, dass sie es als eine Missbilligung und Infragestellung ihres eigenen Lebens empfinden, das am alten Ort zurückbleibt. Sie fürchten, über uns die Möglichkeiten zu erblicken, die jenseits ihres beschränkten Horizonts liegen. Das Dorf, die Siedlung, das Viertel verlassen; in die Stadt aufbrechen, in die Hauptstadt ziehen, im Ausland leben. Mit diesen Umzügen beweisen wir, dass man seinen Lebensmittelpunkt wechseln kann. Das wiederum verunsichert all jene, die sich im Grunde genommen selbst nicht so sicher sind, ob sie sich am rechten Platz befinden.

In Laurent Mauvigniers Werk begegnen wir mehreren Frauenfiguren, die versuchen, der Fatalität eines mittelmäßigen

Lebens zu entkommen, und die ein anderes Schicksal anstreben. In *Continuer* (›Weitermachen‹) erinnert sich Sybille daran, wie sie als junge Studentin davon träumte, Chirurgin zu werden. Der Roman bilanziert ihre verlorenen Illusionen im Erwachsenenalter und unterstreicht im Rückblick, wie lächerlich ihre Ambitionen doch waren. Wie konnte sich diese Frau, die aus so einfachen Verhältnissen stammte, nur einen solchen Aufstieg erhoffen? Das Leben scheint uns manchmal in die Schranken zu weisen, wenn wir stolz nach Höherem streben. Es erinnert uns daran, woher wir kommen und wo wir bleiben sollten, es verweist uns auf die billigen Plätze. An seinem Platz bleiben, sich treu bleiben, nicht aus der Reihe tanzen. Ja nicht die Ordnung der Welt verändern oder sie in Frage stellen. Immer wieder die alte Leier. Wie können wir nur diese kritischen, herrischen Stimmen in uns, die von uns verlangen, bescheiden zu bleiben, zum Schweigen bringen?

Als Erwachsene und Mutter beschließt Mauvigniers Hauptfigur Sybille, deren Sohn Samuel seit der Scheidung seiner Eltern in einer Krise steckt, noch einmal neu anzufangen. Sie verkauft das Haus, das sie von ihren Eltern geerbt hat, um damit eine große Reise zu finanzieren. Damit zieht sie zugleich einen symbolischen Schlussstrich unter ihre Vergangenheit, befreit sich von Orten und Plätzen und setzt alles auf ihr Unterwegssein. Sie entscheidet sich für einen langen Wanderritt durch Kirgisistan, in der stillen Hoffnung, dass durch diesen »Ortswechsel« die Karten noch einmal neu gemischt werden könnten. Doch die Reise verwandelt sich in einen Alptraum, und die Geschichte scheint Samuels Vater recht zu geben, der dieses unverantwortliche Vorhaben von Anfang an verurteilte. Schließlich sieht es seiner Exfrau, der jegliche Bodenhaftung zu fehlen scheint, wieder einmal ähnlich. Sybille verinnerlicht dieses Urteil, versagt zu haben, und macht sich die Kritik zu eigen. Sie hätte sich damit zufriedengeben sollen, »nur die Person zu sein, die man ist [...]; sie hätte lernen sollen, mit der eigenen Mittelmäßigkeit zu leben, lernen sollen, [ihre] hochfliegenden Träume aufzugeben, in Ruhe zu leben, im Schatten [ihrer] Träume«.[2]

Sybille verkörpert ein in seinen Möglichkeiten beschnittenes Leben, das vom Verzicht auf ihr Medizinstudium gezeichnet und von der Scham über die eigenen Ambitionen erfüllt ist. Ihre Figur steht stellvertretend für die Existenz vieler Frauen, aber auch vieler Personen aus einfachen Verhältnissen, insbesondere aber für das Leben vieler Frauen aus einfachen Verhältnissen. Sie stehen unter dem Druck, in den ihnen zugewiesenen Kreisen zu bleiben, »beschränkte« Hoffnungen und »zurechtgestutzte Wünsche« zu akzeptieren.[3] Nichts Besseres sein zu wollen als das, was man ist, auf andere Möglichkeiten, andere Selbstentfaltungen und die Macht, selbst zu wählen, wer man sein möchte, zu verzichten. Dass Sybille die Frechheit besessen hat, von einer Zukunft als Chirurgin und später Schriftstellerin zu träumen, fällt wie ein Bumerang auf sie zurück, als überzogener Stolz und Anmaßung, die in Scham vor sich selbst und Verachtung der eigenen Naivität umschlagen.[4]

Die Geschichte hätte an dieser Stelle, mit der Bilanz ihres Scheiterns und der Frustration darüber, nur man selbst zu sein, enden können. Doch der Autor deutet etwas anderes an. Denn der Roman, den Sybille nicht schreibt, ist am Ende unter der Feder von Mauvignier ja doch entstanden. Und der Ex-Ehemann, der die kühle Rationalität verkörpert, zeigt sich selbst von der Wandlungsfähigkeit der Menschen und davon, wozu Sybille und ihr Sohn letztlich imstande sind, überrascht. Wir können über das hinauswachsen, was wir sind. »Wir sind vielleicht nicht zwangsläufig das, was wir sind«,[5] legt der Autor uns nahe. Es gibt immer eine zweite Chance. Wir leben zweifellos mehrere Leben. Wer weiß, wer den nächsten Roman schreiben wird?

Fortgehen bedeutet nicht zwangsläufig, dass wir aus einer plötzlichen Laune heraus oder infolge unserer rastlosen Natur weglaufen. Der Aufbruch ist manchmal mit einer doppelten Logik des Sich-Losreißens und des Wurzelschlagens verknüpft. Sich selbst einen Ort zu geben, bedeutet also, sich ihn durch Hartnäckigkeit zu erobern, indem man sich selbst behauptet und sich sein eigenes Leben wieder aneignet. Es kann aber auch bedeuten, sich nicht aus Ehrgeiz für einen Platz zu entscheiden, sondern um dem eigenen Sohn einen Grund und Boden, einen Ort zu geben. Das Steuer wieder selbst in die Hand zu nehmen. Der Fatalität eines Lebens, das unter schlechten Vorzeichen begonnen hat, zu trotzen. Eine Wahl zu treffen, um sich gesellschaftlich und emotional zu verankern und sich einen Platz in einer Familie zu schaffen, die nicht unsere ist. In ihrem Roman *Die Anzeige* [*L'Annonce*] erzählt Marie-Hélène Lafon die Geschichte einer 37-jährigen Frau, die auf die Kontaktanzeige von Paul antwortet, einem zehn Jahre älteren Bauern. Annette trifft diese Entscheidung nicht nur, um ihre Einsamkeit als alleinstehende Mutter zu überwinden oder die Wunden einer ersten zerstörerischen Ehe zu heilen. Wenn sie gehen und sich von ihrem bisherigen Leben »losreißen« muss, wie es im Text heißt, dann um ihren kleinen Sohn Éric zu retten. Sie muss sich von allem Bisherigen losreißen, um den Fluch zu brechen, der ihn dazu verdammt, ein Niemand zu sein. Annette möchte ihrem Sohn einen Platz geben, der ihm im Norden des Landes verwehrt bleibt: »Er würde nicht wie die anderen werden, er würde nicht dazugehören, er würde keinen eigenen Platz finden. Sie musste sich verändern, fortgehen, erfinderisch werden, an einem anderen Ort und auf andere Weise. Warum nicht auf dem Land? Woanders, sich von allem losreißen.«[6]

Sich von allem losreißen, aus allem herausreißen, ähnlich wie man Unkraut ausreißt, sich herausziehen, um nicht krumm zu wachsen. Sich aus einer gewaltsamen und von Stigmatisierung gezeichneten Vergangenheit lösen. Diese geographische Entwurzelung, die sie vom Norden ins zentralfranzösische Département Cantal führt, sowie der Bruch in der persönlichen Geschichte bilden die Voraussetzungen für das neue Leben. Wie auch immer dieses aussehen wird, es geht vor allem darum, einen neuen Ort zu finden, der anders ist, unberührt, an dem die Geschichte wieder bei null anfangen kann.

> »Annette bemühte sich, nicht an den Norden zu denken. Sie hätte am liebsten selbst noch die Umrisse der Dinge von dort oben vergessen und sich von allen Erinnerungen losgerissen, um besser in Fidières neu anfangen zu können. Sie mussten in ein neues Leben schlüpfen und vorsichtig sein, sich gegen alles wappnen.«[7]

Paradoxerweise muss sie sich von allem Bisherigen losreißen, um in diesem Dorf, in diesem Haus Wurzeln schlagen zu können, was durchaus mit Anstrengungen verbunden ist. Annette reißt sich entschlossen von allem los und fügt sich mit Hartnäckigkeit, Geduld und Ausdauer in die neue Familie ein. Sie schluckt so manchen Ärger herunter und setzt sich langsam, still und leise fest. Sie bricht nicht abrupt in das neue Leben ein, sondern erobert sich unauffällig ihr Terrain. Annette findet Arbeit, bewährt sich, das Kind gewöhnt sich langsam in dieser neuen Umgebung ein, befreit vom schlechten Ruf seines Vaters, der »oben« im Norden im Gefängnis sitzt. Mutter und Sohn, die »Aufgenommenen«, gehören von nun an mit zum »Dorfbild«, sie sind nicht mehr die Fremden, die man misstrauisch oder herablassend beäugt.[8] Manchmal müssen wir uns von allem losreißen und an einem anderen Ort Wurzeln schlagen, damit unser Leben nicht sinnlos ist. Das ist vielleicht der Grund für die vielen Bemühungen, der vorhersehbaren Existenz jedes Einzelnen zu entkommen, wie [Cesare] Pavese schreibt:

> »[…] man versucht, Wurzeln zu schlagen, sich ein Stück Land und eine eigene Heimat zu schaffen: damit der eigene Leib etwas mehr wert ist und länger währt als der gewöhnliche Kreislauf der Jahreszeiten.«[9]

## Sich kleinmachen

In dem Film *Die unglaubliche Geschichte des Mister C.* [*The Incredible Shrinking Man*] (1957) von Jack Arnold wird die Hauptfigur Scott Carey während einer Bootsfahrt durch einen mysteriösen radioaktiven Nebel kontaminiert. Nach einiger Zeit beginnt Scott zu schrumpfen und sich schrittweise von der Größe eines Erwachsenen in die eines Jugendlichen, eines Kindes und einer Puppe zu verwandeln, bis er schließlich winzig ist (es gibt einen epischen Kampf mit einer Spinne, die viel größer ist als er) und sich im unendlich Kleinen verliert. Im Laufe dieser Schrumpfungen büßt der Held der Geschichte (ein weißer US-Amerikaner der Mittelschicht) auch immer mehr von seinem Stolz ein; er versinkt in seinen viel zu großen Anzügen, die nur noch ein Abglanz seines früheren Status sind, und verliert seinen nunmehr zu großen Ehering. Er purzelt die soziale Leiter hinunter und sieht sich, während er nach und nach schrumpft, mit Paternalismus und herablassendem Wohlwollen, mit Ablehnung, Sadismus und Vernachlässigung konfrontiert. Nur für kurze Zeit findet er Halt bei einer Zirkuskünstlerin, einer jungen kleinwüchsigen Artistin, sowie bei Menschen, die aufgrund ihrer Erscheinung ausgegrenzt und von der Gesellschaft geächtet werden.

Was bedeutet es, auf einen unangemessenen Platz beschränkt zu sein, auf reale oder symbolische Zonen am Rande der Gesellschaft? Wer sind diese Menschen, von denen verlangt wird, sich unauffällig zu verhalten, sich kleinzumachen? Diejenigen, deren Platz zugleich ihr Käfig ist. Ihr Leben verläuft in Moll, es wird »kleingehalten« oder »verhindert«. Das französische *être empêché* – ›gehindert oder verhindert werden‹ – bedeutet ursprünglich, dass der Fuß in einer Schlinge bzw. Falle stecken bleibt (lateinisch *in pedica*, was zum Verb *impedicare* wird). Manchmal haben wir das Gefühl, dass wir in unserem Alltag wie in einer Falle festsitzen, aus der wir nicht mehr herauskommen, ohne einen Teil von uns zu opfern, ohne Schaden und Verlust in Kauf zu nehmen. Wir haben zumindest das Gefühl, unten gehalten, zurückgehalten zu werden und durch ein Gewicht, eine Last ähnlich einer Kanonenkugel am Fuß, gebremst zu werden. Was uns hindert, ist das, was unsere Handlungen und Wünsche durchkreuzt, was ein Hindernis, einen Widerstand, eine Gegenkraft darstellt. Es ist zugleich eine zeitliche Verzögerung; gehindert zu werden, bedeutet, den Ereignissen hinterherzuhinken, nicht die Gelegenheit zu ergreifen, den passenden Moment verstreichen zu lassen. Den Anschluss zu verpassen.

Was hält uns auf? Zweifellos eine Mischung unklarer Gefühle. Die Angst zu versagen, zu enttäuschen, Verrat zu begehen. Eine gewisse Idee von Loyalität, davon, was sich gehört. Doch uns behindern nicht nur unsere eigenen Ängste, Erwartungen und Überzeugungen oder die der anderen. Wir werden auch, ganz konkret und faktisch, durch unseren Körper, unser Geschlecht, unser Aussehen und die Urteile gehemmt, die die Gesellschaft, das Umfeld und die Epoche über diesen Körper fällen. Manchmal genügen ein einfacher Blick und die Missbilligung oder Verachtung, die wir aus ihm herauslesen, um kaum merklich unüberwindliche Barrieren zu errichten.

Dieses Gefühl der Verhinderung verbindet vielleicht eine französische Frau der 1980er Jahre mit einem armen Kind aus einem Vorort von Leeds in den 1920er Jahren oder einem schwarzen Jugendlichen in Europa Mitte des 20. Jahrhunderts. Es entsteht aus der Erfahrung der von außen auferlegten Grenzen und ihrer tiefen Verinnerlichung. Durch diese passive und stille Aneignung werden unsere Hoffnungen und Ambitionen unterdrückt, sie erschwert unsere Bewegungen von einem sozialen Raum zum nächsten. Die Vorstellungen bremsen uns ebenso aus wie die Realität selbst, und wir gehorchen latenten Aufforderungen und Anweisungen, ohne dass wir uns dessen unbedingt bewusst wären. Wir sitzen auf einem Feld des gesellschaftlichen Schachbretts fest, eingezwängt in einer Identität wie in einer Schachtel mit einem Sonderpreis auf dem Etikett.

Ein Leben, das an seiner Entfaltung gehindert wird, stößt ständig gegen Schranken. Bestimmte Orte, Handlungen, Beschäftigungen oder Hobbys bleiben ihm verwehrt. Das Individuum prallt gegen die Wände einer zirkulären Realität – die seiner Gemeinschaft, seines Viertels, seiner Familie. Das soziale Leben beschränkt sich auf festgelegte Räume, auf eindeutig bestimmte Individuen. Man übertritt nicht die unsichtbaren Grenzen. Richard Hoggart beschreibt diese Erfahrung in einer Erzählung über seine Kindheit in einem Arbeiterviertel von Leeds in den 1920er Jahren. Er vergleicht seine »sehr enge« Familie mit einem Nest, in dem ausgehungerte Küken piepsen. Dieses in sich geschlossene Leben ohne Außenwelt, ohne Beziehung zu anderen, gehorcht der Logik der Not. Die materielle Hauptbeschäftigung – zu überleben – wird zum Prinzip der unbewusst akzeptierten Abschottung. Die Verteidigungsmauern schützen uns ebenso gut, wie sie uns einsperren:

> »Wir waren derart gezwungen, uns ins Innere zurückzuziehen, dass wir bei allem absolut außen vor waren; und insofern als wir keine anderen Lebensweisen kannten, versuchten wir auch gar nicht erst, uns zu integrieren [...]. Da wir immer diejenigen waren, die nicht teilnahmen, die nicht eingeladen waren, errichteten wir uns unsere eigenen Schutzwälle.«[1]

Diese Selbstgenügsamkeit und Abkapselung von der Außenwelt stellen die Kehrseite der Exklusion dar.[2] Die Welt erscheint ihnen so unzugänglich, dass Hoggart und seine Brüder sich einreden, dass sie ihnen gar nicht gefallen würde. Die Barrikaden werden von innen heraus errichtet. Doch Hoggarts Geschichte ist die eines Entwicklungspfades. Als Motto stellt er seiner Autobiographie ein Zitat des Autors T. S. Eliot voran: »*Home is where it starts from*«. Das »Zuhause« ist nur der Ausgangspunkt, nicht das Ziel. Und das ist vielleicht genau das, was uns Mut zum Übergang macht: dass wir zuerst so etwas wie ein »Zuhause« kennengelernt haben, in dem man sich trotz aller Schwierigkeiten um uns gekümmert hat.[3] Dennoch ist die Begegnung mit der Außenwelt rau, es ist mühsam, sich dort einen Platz zu erkämpfen, und manchmal fällt es auch bereits schwer, dort lediglich aufzutauchen. Ist das Zuhause ein Kokon, setzt man sich, sobald man die »sehr enge Familie« verlässt, der Gewalt der Ablehnung aus. Hoggart ist als armes Kind nicht willkommen. Er hört Stimmen in seinem Umfeld, die ihn mit verächtlichem Unterton als »ein Problem«, als einen Eindringling bezeichnen:

> »Kinder in unserer Position lernen schnell, die Untertöne in den Stimmen der Erwachsenen zu lesen; nicht nur die feindseligen Untertöne, sondern, was viel wichtiger ist, auch die gleichgültigen Untertöne von Leuten, die von

> dir wie von einem Außenseiter und Fremden – einem minderwertigen Fremden – sprechen.«[4]

Alle haben schon einmal diesen Moment erlebt, in dem sie zu dieser unsichtbaren Person werden, von der man in der dritten Person spricht, als wäre sie nicht dabei, als würde ihre Anwesenheit keine Beachtung verdienen.[5] Bin ich *die, mit der* man spricht, oder *etwas, worüber* man spricht?

> »Ich habe weiter oben von der Kälte gesprochen, die einen innerlich gefrieren lässt, wenn man als Kind Erwachsene hört, die von einem sprechen, als wäre man nicht da, und zwar in einem Ton, der jegliche Wärme vermissen lässt.«[6]

Der entweder neutrale, gleichgültige oder liebevolle Tonfall versagt oder gewährt mir einen Platz, erkennt meine Existenz als Subjekt an oder verleugnet sie. Aus einigen Äußerungen spricht Verachtung, andere bieten uns einen Platz an, so wie die Worte der Großmutter von Hoggart: »Ich hörte die bedingungslose Liebe in ihrer Stimme und spürte, dass ich erneut im Heimathafen angekommen war.«[7] Eine zärtliche Stimme heißt mich willkommen und bestätigt meine Existenzberechtigung in dieser Welt, eine kalte hingegen entzieht sie mir.

Auch durch die Stimme der Mutter oder des Vaters, die tonlose Stimme der Angst, erfasst das Kind intuitiv die ihm auferlegten Grenzen. In seiner Autobiographie *Nach der Flut das Feuer* [*The Fire Next Time*] analysiert James Baldwin diese Verinnerlichung der Grenzen:

> »Sie dringen durch den Tonfall in der Stimme seiner Eltern in das Bewusstsein des Kindes ein [...], in dem plötzlichen und unkontrollierbaren Ton der Angst, die es in

der Stimme seines Vaters oder seiner Mutter vernimmt, wenn es sich jenseits irgendeiner Grenze verirrt hat. Es kennt die Grenze nicht und hat keine Erklärung dafür, was bereits erschreckend ist, doch die Angst, die es in der Stimme seiner Eltern vernimmt, ist noch viel erschreckender.«[8]

Welche Kraft unterdrückte Gefühle und welche Macht das angstbesetzte Ungesagte haben, ist bekannt. Im Amerika der 1930er Jahre ist kein Platz für ein armes Kind aus Harlem. Diese Welt, sagt James Baldwin, »hält überhaupt keinen Platz für dich bereit«.[9] Man findet dieselbe Idee in *I Am Not Your Negro* (2016) wieder, einer Dokumentation des hawaiianischen Regisseurs Raoul Peck, die an eine unveröffentlichte Schrift von James Baldwin mit dem Titel *Remember This House* angelehnt ist:

> »Der Schock sitzt tief, wenn du feststellst, dass das Land, in dem du geboren wurdest, dem du dein Leben und deine Identität verdankst, in seinem gesamten Funktionsapparat nicht den geringsten Platz für dich vorgesehenhat.«[10]

Kein Platz außer dem negativen der stigmatisierten Identität, die als Gegenstück zu der der Weißen konstruiert wird. Der Schwarze wird gebeten, dort zu bleiben, wo er hingehört. Um aus dem Schweigen und der Unsichtbarkeit auszubrechen, diesen Platz in Frage zu stellen, dieses für Schwarze zerstörerische Rollenbild zu erschüttern, müsste man das Zusammenspiel der Stereotype und folglich im Umkehrschluss die Aufwertung der Weißen überwinden. Es würde bedeuten, das gesamte essentialistische, einseitige und rassistische System ins Wanken zu bringen. Aus der Unbeweglichkeit, der Erstarrung auszubrechen, in die die xenophoben Vorurteile die Schwarzen von Kindesbeinen an drängen. Das

Bemühen, sich loszulösen, erschüttert die Grundfesten der amerikanischen Gesellschaft:

> »In der Welt der Weißen hat der Schwarze die Funktion eines Fixsterns, einer unbeweglichen tragenden Säule erfüllt. Gibt er seinen Platz auf, werden Himmel und Erde bis in ihre Grundfesten erschüttert.«[11]

Die Analyse von Baldwin findet durchaus ihren Widerhall im Werk des Psychiaters Frantz Fanon aus Martinique. In seinem 1952 erschienenen Werk *Schwarze Haut, weiße Masken* [*Peau noire, masques blancs*] beschreibt Letzterer das Paradoxon des Schwarzen: Er nimmt einen Platz ein, ohne dass er einen eigenen Platz hätte. Der Schwarze, sagt er, erzeugt Leere um sich herum. Im Zug überlässt man ihm nicht nur einen, sondern gleich drei Sitze. Das ist kein Platz, sondern eine Lücke. Man schafft um ihn herum keinen Raum, sondern hält Abstand. Und dieser Abstand ist keine Voraussetzung für eine Interaktion, sondern eine unsichtbare, gleichwohl spürbare Barriere, die den Weißen unnahbar und den Schwarzen unberührbar macht.

> »Im Zug ließ man mir statt eines Platzes gleich zwei, drei Plätze. […] Ich existierte dreifach: Ich nahm Platz ein. Ich ging zum anderen … und der andere, flüchtig, feindselig, aber nicht versteckt, leicht zu durchschauen, geistesabwesend, verschwand. Ekel.«[12]

Es gibt keine gemeinsame Welt, keinen Raum der wechselseitigen Anerkennung und somit keine mögliche Selbstbestätigung. Es gibt nur eine Objektivierung, eine Verdinglichung der Schwarzen durch den Blick der Weißen.[13] Der Schwarze wird »fixiert«, schreibt Fanon, wie das Insekt von der Nadel des Entomologen durchbohrt wird.[14] Streng genommen existiert er nicht als Subjekt. Es geht Fanon zufolge nicht einmal darum, ihm einen zweitrangigen Platz zu gewähren, sondern darum, ihn zu negieren. Man hat nicht das Gefühl, minderwertig zu sein, sondern gar nicht zu existieren.[15] Der Schwarze wird gebeten, beiseitezutreten, zu verschwinden. Die Welt will ihn nicht. Es wird von ihm verlangt, »sich kleinzumachen«:

> »Ich rief die Welt an, und die Welt nahm mir meinen Enthusiasmus. Man verlangte von mir, mich zu beschränken, mich kleinzumachen.«[16]

Da meine Gegenwart in der Welt als Provokation und Frechheit wahrgenommen wird, muss ich mich so unauffällig wie möglich verhalten. Mich nicht mehr erheben, sagt Fanon, sondern »mich kriechend fortbewegen«.[17] Kriechen, um nicht bemerkt zu werden, ganz nah am Boden bleiben, sich an den etymologischen Sinn von Erniedrigung erinnern: zutiefst herabgesetzt, er-niedrigt zu werden. Ich muss mich so unauffällig wie möglich verhalten, lernen, keine Aufmerksamkeit auf mich zu ziehen, untadelig sein.

Diese Aufforderungen, sich unsichtbar zu machen, sind nicht verschwunden. Sie werden unentwegt von all denen verinnerlicht, die sich bedroht fühlen, weil sie schwarz, muslimisch oder homosexuell sind, weil sie körperlich beeinträchtigt oder krank sind, weil sie Frauen sind. Man denke an die Ratschläge der afroamerikanischen Mütter an ihre Söhne (renn nicht plötzlich los, setz deine Kapuze nicht auf, steck deine Hände nicht in die Taschen – man könnte glauben, dass du bewaffnet bist). Oder auch an die Strategien von Frauen, um Belästigungen oder sexuelle Übergriffe zu vermeiden (nicht alleine in bestimmten Vierteln nach Hause gehen, nicht in einen leeren Zug einsteigen, auf der Straße in der Nähe eines Paars bleiben …). Wenngleich sich die Formen der Gewalt unterscheiden, die die Mitglieder dieser gesellschaftlichen Gruppen erleiden, schwingt doch in jeder dieser Lagen stets unbewusst die antizipierte Bedrohung und das Gefühl mit, dass unser Leben zerbrechlicher, unsicherer ist. Als wären diese Leben weniger wert.

Kann man so naiv die Sorgen der Schwarzen in den Vereinigten Staaten und die der weißen Frauen in Europa auf die gleiche Stufe stellen, ungeachtet der spezifischen Situationen, Orte und Epochen? Sicherlich nicht. Doch man kann ein Gefühl ausmachen, eine gemeinsame Erfahrung, einen verinnerlichten Zustand, der von all jenen geteilt wird, die aufgrund ihres Geschlechts, ihres Aussehens oder ihrer ethnischen oder religiösen Herkunft zur potentiellen Zielscheibe von körperlicher oder psychischer Gewalt werden. Dieses Gefühl der Bedrohung lässt sie wachsam oder misstrauisch sein und zermürbt sie vor lauter Angst. Sie befinden sich im Modus der ständigen mehr oder minder starken Alarmbereitschaft; jede Fahrt, jeder Ortswechsel wird sorgsam geplant. Sie können nicht in ihrer Wachsamkeit nachlassen, ohne sich selbst in Gefahr zu bringen.

Der öffentliche Raum, diese gemeinschaftlichen oder gemeinsam genutzten Orte sind nicht neutral, sondern in viele unsichtbare Plätze aufgeteilt, die man schon sehr früh, auf dem Pausenhof, zu erkennen lernt. Den Kindern wird schnell dieses Raster der Räume bewusst: Einige werden beim Spielen von den Jungen besetzt, andere den Mädchen überlassen, in einer Logik der Distanzierung, des Abstandnehmens. Die Mädchen, die sich über ihre symbolischen Begrenzungen hinauswagen, haben gefährlich schnell einen ›schlechten Ruf weg‹. In der aufschlussreichen Untersuchung von Muriel Monnard kommt beispielsweise die junge Layla zu Wort, die aufgefordert wurde, »etwas von dem Gebiet, das mit Männlichkeit und männlicher Macht verbunden wird, abzugeben«.[18] Der Kampf um die Plätze, um einen Ausdruck des Geographen Michel Lussault aufzugreifen, ist ein Klassenkampf,[19] doch zweifelsohne ist es auch ein Kampf der Ethnien und Geschlechter. Jeder Ortswechsel ist eine »Herausforderung im Raum«.

## Die Herausforderung im Raum

Räume fordern jeden Tag aufs Neue alle heraus, deren Mobilität durch Barrieren in der Öffentlichkeit eingeschränkt wird, die wir ihnen dadurch unzugänglich machen. Die Gesellschaft ist entsprechend verantwortlich dafür, dass manche von uns Schwierigkeiten haben, ihren Platz in einem öffentlichen Raum zu finden, der nicht für unseren Körper gemacht ist. In ihrem Werk *Transformer le handicap* (›Die Behinderung transformieren‹) vergleicht die Philosophin Anne-Lyse Chabert ihre Situation mit der von Alice, die sich viel zu großen Treppenstufen gegenübersieht.[1] Wie sollen wir, wenn nichts unserer Größe entspricht, wenn alles zu hoch, zu eng, zu gefährlich oder nicht zugänglich ist, das Gefühl überwinden, dass wir nicht willkommen sind? Man kann daher wie der Philosoph Bertrand Quentin behaupten, dass Personen mit Behinderung durch die Entscheidungen der Gesellschaft »invalidisiert« bzw. handlungsunfähig gemacht werden.[2] Zugangsrampen, mobile Hublifte oder Hebebühnen in Firmengebäuden oder öffentlichen Verkehrsmitteln beseitigen zwar nicht die Behinderung, aber sie verringern das Handicap. Wer sie benutzen kann, fühlt sich weniger eingeschränkt. Die Gesellschaft und die Unternehmen stehen somit aus Quentins Sicht in der Verantwortung.

Doch diese technischen Anpassungen müssen mit einem Wandel in den Vorstellungen einhergehen. Quentin betont die Macht des Stigmas: »Was eine Person am radikalsten daran hindert, umfassend am gesellschaftlichen Leben teilzunehmen, sind nicht ihre körperlichen Behinderungen, sondern das Gespinst an Mythen und Vorstellungen, mit denen die Gesellschaft sie belegt.«[3] Erst die Gesellschaft erzeugt die Invalidität in ihren Vorstellungen und durch die von ihr geschaffenen, bestimmte Menschen ausschließenden Räume. Doch diese Vorstellungen lösen sich auf, sobald wir dieselben Räume teilen, wenn alle von Anfang an in dieselbe Klasse und auf denselben Schulhof gehen. Wenn wir mit Kindern aufwachsen, die eine Behinderung haben, schwinden dadurch unsere Vorurteile und gleichzeitig unsere Ängste. Auf diese Weise können wir auf eine inklusive Gesellschaft hinarbeiten, die sich jedem Individuum in seiner Einzigartigkeit anpasst, und eine flexiblere Organisation der Gesellschaft anstreben, die allen Menschen einen Platz bietet. Allzu häufig bleiben Menschen mit Behinderungen auf der Schwelle zur Gesellschaft stehen, sie sind weder vollkommen aus- noch vollkommen eingeschlossen, stellt Quentin in Anknüpfung an das Konzept der »Liminalität« fest (*limen* bedeutet im Lateinischen ›Schwelle‹). Wenngleich wir die Behinderungen nicht beseitigen können, können wir doch aus seiner Sicht die damit verbundenen Benachteiligungen und Einschränkungen abbauen, indem wir Platz für andere schaffen: Indem wir die technische Barrierefreiheit neu denken, aber auch die zwischenmenschliche Ebene ernst nehmen, wie Anne-Lyse Chabert betont. Ihr zufolge ist Zugänglichkeit auch eine Frage der Beziehungen. Wir verstecken uns manchmal hinter technischen Mängeln, obwohl wir mit geringem Aufwand die Zugangsschwierigkeiten beseitigen könnten: »Zugänglichkeit ist keine Frage von breiteren Türen oder Rampen, sondern eine menschliche des Willkommenheißens und des Miteinanders.«[4] Einen Platz zu bereiten bedeutet auch, einige einfache Anpassungen vorzunehmen, wie zum Beispiel eine gehörlose Person in Gespräche einzubeziehen, indem man sie ansieht, während man spricht. Es bedeutet, Personen mit Behinderung ausreden zu lassen, statt stellvertretend für sie zu sprechen. Sie in Entscheidungen einzubinden, sich auf ihre Lebenserfahrungen zu stützen. Mit ihrem Erfahrungsschatz sind sie, wie Quentin uns in Erinnerung ruft, selbst am besten in der Lage festzustellen, welche Mittel mobilisiert werden müssen. Hoffen wir, dass sich auf diese Weise auch neue Räume in den Köpfen der Menschen eröffnen.

## Königinnen ohne Königreich

»Ich werde mich weiterhin auf Abenteuer begeben, mich verändern, meinen Geist und meine Augen offenhalten, mich weigern, abgestempelt und in eine Schublade gesteckt zu werden. Es geht darum, sein Selbst zu befreien: es seine wahren Dimensionen finden zu lassen, nicht behindert zu werden.«

Virginia Woolf, *Tagebücher*

Wie sollen wir »unsere wahren Dimensionen« finden, wenn wir stattdessen unablässig daran erinnert werden, dass wir uns ›zurückhalten‹ sollen? Das Gebot, sich kleinzumachen, wurde den Frauen vor langer Zeit auferlegt; in zahlreichen Ländern, in unzähligen Situationen besteht es immer noch.[1] Manchmal werden Frauen dazu genötigt, zu verschwinden, man versteckt sie, man bedeckt sie mit Stoff oder Farbe, man reißt ihre Bilder herunter oder überstreicht sie. Sie sollen nicht zu viel Platz einnehmen, sich im Hintergrund halten, sollen wissen, wie man sich unsichtbar macht, oder sich mit einem zweitrangigen, allzu engen Platz begnügen. Die Traditionen, Religionen und Gewohnheiten mit all den Bequemlichkeiten und Vorteilen, die ihre Zurückhaltung den meisten Männern ermöglicht, lasten schwer auf der Existenz der Frauen. Der weibliche Körper wurde lange Zeit, ähnlich wie der von Hausangestellten, Sklaven oder Kindern, als Territorium betrachtet (und wird es nach wie vor), über das man verfügen kann; er stellt eine Art Anhang zum Körper des Ehemanns, Meisters, Priesters, Königs dar. Ein Körper, den man wie ein Werkzeug gebraucht, um ohne eigene Mühen und Leiden zu handeln oder um seine Wünsche zu befriedigen. Der weibliche Körper wird von dem- oder auch derjenigen besessen, gefangen gehalten oder benutzt, der oder die gesellschaftlich oder symbolisch dessen Besitzer oder Nutznießer ist.

Die Grenzen des weiblichen Körpers werden überschritten. Wenn Frauen sich überwältigt fühlen, so liegt das durchaus daran, dass man ihre Grenzen nicht beachtet: Es gibt keine Ränder, keine Umrisse, keine Begrenzungen mehr zwischen der Außenwelt und ihrem Körper, zwischen ihrer Haut und der der Kinder oder der Männer. Man greift auf ihren Leib über, bricht in ihre Intimität ein. Ihr Körper wird zu einem Gebiet, das sich alle auf ihre Weise aneignen. Er verwandelt sich in einen Raum, den man erklettert, auf dem man herumtrampelt, der zu einem Experimentierfeld wird.

Am großzügigsten gibt zweifelsohne die Mutter ihren Körper hin.

> »In der Mutterschaft überlässt die Frau ihren Körper ihrem Kind, ihren Kindern, sie liegen auf ihr wie auf einem Hügel, wie in einem Garten, sie verschlingen sie, trommeln auf ihr herum, schlafen auf ihr, und sie lässt sich verschlingen und schläft sogar manchmal, während sie auf ihrem Körper liegen. [...] Sie verliert ihr Reich.«[2]

Als Königin ohne Königreich, als besetztes Gebiet weiß sie, welche Freude, aber auch welche Erschöpfung es bedeutet, Spielplatz, Zufluchtsort oder Kissen für die Kinder zu sein. Ungeduldig, wütend oder fröhlich bedrängt mich das Kind, zerrt an meiner Hand, wirft sich auf mich. Ich muss weich, sanft, stark oder auch beständig sein, ich bin eine biegsame und dehnbare Materie, die ihre Form, Textur und Dichte je nach den Bedürfnissen des Kindes verändert. Meine Form und mein Körper existieren nicht mehr, sie sind nur noch das, was das Kind entsprechend seinen Bedürfnissen, seiner Lust und Laune daraus macht. Diese Überwältigungen beschreibt Marguerite Duras als Verschlungenwerden und Enteignung. Der Körper der Frauen muss nicht nur dem Begehren der anderen zur Verfügung stehen, er hat auch stets begehrenswert zu sein.

> »Sie werden überwältigt von den Ansprüchen der Kinder, ihrer Körper, ihrer Schönheit und der Fürsorge, die man ihnen zuteilwerden lassen muss, von der uneingeschränkten Liebe, die jedes von ihnen einfordert und ohne die sie sterben.«[3]

Selbst die Sorgfalt, die die Frauen ihrem eigenen Äußeren widmen, geht auf Überwältigungen zurück, da sie den Erwartungen geschuldet ist, die auf ihnen lasten. Die Selbstfürsorge erweist sich als trügerisch, sie reagiert mindestens genauso sehr auf Aufforderungen von außen, wie sie Ausdruck einer echten Beziehung zu sich selbst ist. Es handelt sich weniger um eine Pflege *meiner Person* als vielmehr um eine Pflege meiner Person *zugunsten anderer*. Die Fürsorge für den eigenen Körper ist die Voraussetzung dafür, gesellschaftlich weiterhin zu existieren. Sogar wenn wir uns um uns selbst kümmern, erfüllen wir implizit einen gesellschaftlichen Anspruch. Es handelt sich nicht um eine sanfte und lustvolle Pflege innerhalb einer achtsamen Beziehung zu uns selbst, sondern sie ist von der Spannung geprägt, die unsere verinnerlichten Erwartungen erzeugen.

Wenn sich Frauen so stark in Beschlag nehmen lassen, dass sie den Gebrauch und Genuss ihres eigenen Körpers anderen überlassen, nimmt sie das auch psychisch völlig in Anspruch. Sie sind unablässig »beschäftigt«. Diese innere Beschäftigung geht über das Konzept des »Mental Load« hinaus. Diese Frauen sind für eine beinahe schon ontologische Kontinuität zuständig.[4] Sie kitten die Bruchstellen in der Wirklichkeit. Der Kinderpsychiater Donald Winnicott hat die Theorie aufgestellt, dass die »mütterliche Sorge« ein »vorübergehender Wahnsinn« sei.[5] Die Mutter muss sicherstellen, dass es keinen Bruch zwischen den Wünschen und Bedürfnissen des Kindes sowie der Realität gibt. Sie muss die Wirklichkeit mit diesen Erwartungen in Einklang bringen. Dieser sehr spezifische psychische Zustand stellt eine »normale Krankheit« dar, die nach und nach wieder verschwindet, wenn das Kind älter wird, betont Winnicott. Man könnte allerdings behaupten, dass die Mutter in diesem Kontinuitätsanspruch gefangen bleibt. Ja nicht die Mängel, die Lücken sichtbar werden lassen. Immer weiter Kühlschränke und Schränke auffüllen, Kleidung an die Größen der Kinder anpassen … An der Kontinuität unseres Lebens weben, dafür sorgen, dass die Danaidenfässer – eine Metapher für die Bedürfnisse der Kinder, die Wünsche der Männer, die tägliche Hausarbeit – sich nie leeren. Für Fülle sorgen, um die Leere, die Risse, zu verbergen. Die Stille gestalten, Mängel ausgleichen. Ihre zerstückelte Zeit widmet die Mutter der Aufgabe, die Kluft vergessen zu machen, die Wartezeiten, Einschnitte und zeitlichen Unterbrechungen im Leben der anderen zu verbergen: »Sie muss ihre Termine mit denen der anderen, ihrer Familienmitglieder und externer Institutionen koordinieren.«[6] Sie »verwandelt die vielen Unterbrechungen ihrer

Zeit in eine stille und scheinbare Kontinuität«.[7] Doch die Zeit, die ihr für sich selbst bleibt, zerfällt umso mehr.

Die Frauen sind verantwortlich für die Ordnung, sie halten zusammen, was uns über den Kopf wächst. Sie trotzen dem Übermaß an Gefühlen, Fragen und Verpflichtungen. Sie verwalten das Chaos, das sowohl in ihr Haus[8] als auch in ihr Inneres eindringt, um den Preis ihrer eigenen psychischen Überforderung. Sie ordnen das äußere Durcheinander und verhindern das psychische Chaos, passen die Vorstellungen so aneinander an, dass sie erträglich werden, bringen ihre konfuse Existenz auf Linie. Sie sind vorausschauend, antizipieren und planen, um die Wirklichkeit als Ganzes zusammenzuhalten. Sie vereinfachen die Gedanken der anderen, machen ihnen den Weg frei, damit ihre Ideen nicht durch etwaige profane Betrachtungen verdorben und verwirrt werden. Es ist ihre Aufgabe, zu wissen, »was in den Schränken ist, ob alles da ist, was gebraucht wird, jederzeit, um sich zu erhalten, zu leben, zu überleben«. Sie sind es, die dafür sorgen, dass es auf dem »Schiff bzw. der Reise des Lebens« an nichts fehlt.[9] Die weibliche Fürsorge gilt der Dauerhaftigkeit: Es gilt, flüchtige Denkweisen ohne zu viele Misstöne miteinander in Einklang zu bringen, dem roten Faden des Alltags zu folgen, sich daran festzuhalten.

Frauen erkaufen die Fülle mittels ihrer Erschöpfung, stellen die Kontinuität der Wirklichkeit um den Preis ihrer inneren Zerstückelung sicher. Als Schöpferinnen der Dauerhaftigkeit beschränken sie sich selbst auf den Augenblick, das ewig Wiederkehrende. Da sie sich ständig von sich selbst entfernen, ist ihnen die Erfahrung versagt, bei sich selbst zu sein. Wie sollen wir so unsere »wahren Dimensionen« und unsere eigene Zeitlichkeit wiederfinden?

## Meine Stimme finden

Wann genau habe ich meine Stimme verloren? Sie scheint im Lauf der Jahre zunehmend leiser geworden zu sein. Lachen, schallende Töne oder laute, spontane Ausrufe sind aus meinem Klangrepertoire verschwunden. Bin ich vernünftiger geworden oder resigniert? Müde, dass man mir ins Wort fällt, mich mundtot macht, dass man an meiner Stelle spricht, dass man mir den Sinn des Lebens erklärt. Welche unsichtbare Hand hat sich auf meinen Mund gelegt? Es ist meine eigene. Meine Stimme ist, selbst ohne unterbrochen oder von einer anderen übertönt worden zu sein, immer leiser geworden. *Decrescendo.* Sie ist inzwischen nur noch die Stimme, die man ihr erlaubt zu sein, damit sie mit den anderen harmoniert, was häufig voraussetzt, dass sie stumm bleibt. Ich habe darauf verzichtet, meine Meinung zu äußern, das Wort zu ergreifen oder lauter zu sprechen als die anderen, um mir Gehör zu verschaffen. Ich habe einen neuen Ton angeschlagen, so wie man es mir oft geraten hat. Wenn wir unsere Stimmen unterdrücken, wenn wir sie dämpfen, tun wir dies in der Hoffnung, uns in den großen gesellschaftlichen Chor einzufügen.[1] Diese Idee vertritt die amerikanische Philosophin Carol Gilligan in ihrem Werk *Une voix différente* (›Eine andere Stimme‹), in dem sie den Prozess der Selbstzensur bei jungen Mädchen analysiert. Diese versagen sich, das auszudrücken, was sie wirklich empfinden, oder sich mit ihrer »klugen Stimme«, die systematisch abgewertet wird, Gehör zu verschaffen.[2] Da ihre Meinung zu »laut« ist, dämpfen sie ihre Stimme, ersetzen sie durch eine ausdruckslose, tonlose, die nichts mehr von ihrer Einzigartigkeit zum Ausdruck bringt. Alles, was ihnen bleibt, ist eine neutrale Stimme, die sie scheinbar aufgegeben haben und die unecht klingt. So wie ein Psychoanalytiker auf Pausen und Rhythmusänderungen in der Rede eines Patienten achtet, befasst sich Carol Gilligan mit den »Veränderungen in der Stimme, den Misstönen und Unterbrechungen im Gesagten«, die sie als Symptome einer Spannung zwischen dem Streben nach demokratischen Idealen und den Gewohnheiten des patriarchalen Systems deutet.[3] Der Klang der Stimme verändert sich im Laufe der gesellschaftlichen ›Initiationsprüfungen‹, er passt zu einer bestimmten Tonlage, die auf ihre Weise erklingt und im Gegenzug eine spezifische Reaktion hervorruft.[4] Seine Stimme verändern, um sie in einen bereits geschriebenen Dialog einzufügen, sie an eine Melodie zu gewöhnen, die nicht die eigene ist, bleibt nicht ohne tiefgreifende psychische Folgen. Die Stimme, in der Gefühl und Selbstwahrnehmung so eng miteinander verquickt sind, lässt sich nicht verändern, ohne dass sich die Beziehung des Subjekts zu sich selbst ernsthaft verschlechtert.

In ihrem Werk *Why Does Patriarchy Persist?*, das sie zusammen mit Carol Gilligan geschrieben hat, erkennt sich die Forscherin Naomi Snider in den jungen Mädchen Iris und Amy mit ihren »zu lauten« Stimmen wieder.[5] Schweigen wäre die notwendige Bedingung, damit die beiden hoffen könnten, einen Platz zu finden. Die jungen Mädchen machen wie auch Naomi Snider die Erfahrung einer Selbstverstümmelung, die sie in Kauf nehmen, um in die vorgefertigten Schubladen zu passen. Iris' Entscheidung, »ihre eigene Stimme zu dämpfen«,[6] erinnert Naomi Snider an ihre eigenen Bemühungen, sich »kleiner zu machen«: »Ich spielte Schlangenmensch und wurde gesellschaftlich dafür belohnt, dass ich mich selbst ins Abseits gestellt hatte, dass ich mich von mir selbst entfernt hatte.« Das Kapitel trägt den bezeichnenden Titel »Erstes Anzeichen: Eine Verbindung zum Verlust«. Wir verlieren unsere Stimme, um einen Platz zu finden, wir geben in der Hoffnung, gehört zu werden, ein Mittel auf, uns selbst auszudrücken. Doch in Wirklichkeit opfern wir unsere eigene Identität. Im selben Werk kommt Carol Gilligan auf die Worte von Carrie, einer depressiven Jugendlichen, zurück, die ihre Müdigkeit ausdrückt: Der ständige Versuch, andere zufriedenzustellen, habe sie erschöpft – sie löse sich als Individuum auf, sie werde zu einer anderen, und da sie nicht sie selbst sei, gelinge es ihr nicht mehr, zu erfassen, wer sie vorher war. So werde man, wie sie sagt, »letztlich zu einem Schatten seiner selbst, [...] man vergisst schließlich, wer man vorher war. Man wird zu einer anderen Person. Folglich fühlt man sich nie am richtigen Platz, weil man sich im Grunde genommen nicht wiedererkennt.«[7]

Am richtigen Platz sein ist durchaus eine körperliche Erfahrung. Ich bin an meinem Platz, wenn meine Stimme ruhig ist, wenn sie meine eigene ist, statt durch Zensur oder dominante Stimmen erstickt zu werden, statt von anderen zu kommen, statt atemlos vor Angst zu sein oder unter Zwang zu stocken. An seinem Platz sein beginnt vielleicht mit dieser Befreiung der eigenen Stimme, einer verborgenen Stimme, deren Timbre man dabei entdeckt.[8] Einer Stimme, die auch eine Subjektivität zum Ausdruck bringt, die sich zum »menschlichen Gespräch« hinzugesellt, indem sie anderen Lebenserfahrungen, anderen Perspektiven auf die Wirklichkeit Gehör verschafft, einer Stimme, die neue Anliegen, die bis dahin verschwiegen wurden, vernehmbar macht.

## Die Dreisten

Wer sind diese Menschen, die es wagen fortzugehen? Wie sehen sie aus der Ferne aus? Es mag uns ziemlich dreist erscheinen, dass sie nicht an ihrem Platz bleiben und sich nicht mit ihm zufriedengeben wollen. Sie machen Ärger, decken Täuschungen auf, mischen die Karten neu, indem sie sich anderweitig umsehen, indem sie sich dort aufdrängen, wo wir sie nicht erwarten. Diese Dreistigkeit hat sie weit gebracht, weit fort von zu Hause, sie verschaffen sich selbst ohne Einladungskarte Zutritt, vertreiben die Sitzenden und bringen die Stammgäste aus dem Konzept. Sie erinnern uns auf ihre Weise daran, dass das gesellschaftliche Leben von Gesetzmäßigkeiten durchzogen ist, die allem Lebendigen gemein sind: der Überraschung, der Neuschöpfung, dem Unerwarteten und auch der Täuschung. Menschen sind nur deshalb unbeweglich, weil man sie einsperrt. Sie verändern sich in der gleichen Weise, wie sich alles Lebendige im Laufe der Jahreszeiten oder Lebensphasen wandelt. Warum sollte das Leben der Menschen Starre und Wiederholung unterworfen sein, während sich das Biologische unaufhörlich verändert? Das Privileg des Menschen, Stabilität durch Gewohnheiten zu schaffen, schnappt bisweilen wie eine Falle über ihm zu und verdammt ihn zur Starre. Warum sollten wir dort bleiben, wo wir geboren wurden, und uns mit Plätzen zufriedengeben, die andere für uns gewählt haben?

Die Dreistigkeit besteht somit in diesem Streben, dieser Lust und diesem Verlangen, sich »umzuplatzieren«, den Ort zu wechseln, sich selbst einen völlig anderen Platz zu gönnen, selbst wenn wir den passenden, der uns zur Geltung bringt, erst selbst schaffen müssen. Einen Platz nach unseren Vorstellungen, der unserem Streben, unserem Verdienst und unseren Fähigkeiten angemessen ist. Folglich sind wir manchmal dreist, ohne es zu wollen. Wo uns die Sitten und Verhaltensweisen fremd sind, fehlen uns die Orientierungspunkte, und unsere Haltung erscheint ungehobelt oder frech. Wenn wir andere vor den Kopf stoßen, geschieht das auch aus Unbeholfenheit. Weil wir versuchen, unseren Gesten und Entscheidungen mehr Raum zu geben. Wir ecken an. Die Dreisten lassen die Institutionen erzittern, erschüttern die Gewohnheiten, wirbeln Staub auf. Sie schleichen sich in die Zwischenräume ein, schreiben an den Rand, fallen aus dem Rahmen. Sie entziehen sich den Regeln, umgehen Begrenzungen, heben die Augen gen Himmel und machen sich über Wegmarken lustig.

Von innen heraus betrachtet handelt es sich weniger um Stolz oder Arroganz als vielmehr um Unbehagen oder Scham. Wenn ich einen anderen Platz anstrebe, so liegt das daran, dass ich an dem, der mir zugefallen ist, zugrunde gehe. Ich laufe auf Grund wie ein leckgeschlagenes Schiff, ich bin zu dem verdammt, was ich als Scheitern betrachte. Tatsächlich ist es ein Gefühl des Missbehagens oder der Falschheit, des tiefsten Unbehagens, das mich dazu drängt, nach anderen Horizonten Ausschau zu halten. Es ist die Scham, unzulänglich zu sein – nur ein Arbeiter, ein Bauer, ein Handwerker, eine Hausangestellte oder deren Kind –, es ist ein Gefühl der Minderwertigkeit, das meine Angehörigen mir vermitteln, und auch ihr Wunsch, dass ich den Erfolg haben möge, der ihnen verwehrt blieb. Daher schäme ich mich, nur das zu sein, was ich bin, ich bin mir meiner »Grenzen« bewusst.[1] Ich habe Angst, dort zu sein, wo ich nicht sein sollte. Annie Ernaux schildert in *Der Platz* [*La Place*] diese Angst, »fehl am Platz« zu sein, und die Scham ihres Vaters, der sich ins falsche Zugabteil verirrt hatte:

> »Die Angst davor, fehl am Platz zu sein, sich schämen zu müssen. Eines Tages ist er aus Versehen mit einem Ticket für die zweite Klasse in der ersten Klasse eingestiegen. Der Fahrkartenkontrolleur ließ ihn einen Aufpreis zahlen. Eine andere beschämende Erinnerung: Beim Notar musste er zum ersten Mal mit ›gelesen und genehmigt‹ unterschreiben; er wusste nicht, wie man es richtig schreibt, daher entschied er sich für ›genehm ich‹. Er war so ver-

legen. Der Gedanke an diesen Fehler quälte ihn auf der gesamten Rückfahrt. Ein Gefühl der Unwürdigkeit überkam ihn.«[2]

Nicht zu wissen, wohin mit sich, noch wie man sich ausdrücken soll. Die Scham, nur wir selbst zu sein, immer im Bewusstsein der Grenzen, die uns einengen, sobald wir den gewohnten Rahmen verlassen, hält uns an diesem Platz fest, den wir doch für zweitklassig halten.[3] Aber ich schäme mich ebenso sehr, wenn ich mich mit einer Existenz zufriedengebe, die der Person, die ich werden möchte oder die ich bereits in mir spüre, so fremd erscheint. Eben weil wir uns nicht damit abfinden können, diese Bürger zweiter Klasse zu sein, die bestraft werden, wenn sie die Grenze überschreiten, wagen wir trotz allem den Übergang von einem Bereich des Daseins zum nächsten. Wenn ich beschließe, diesen Platz zu verlassen, dann liegt es gerade an all dem, was er mich hindert zu werden. Und manchmal liegt es auch daran, dass ich jenen die Würde zurückgeben möchte, die das Leben mit Füßen tritt, die die gesellschaftliche Verachtung kaputtmacht. Durch unseren Erfolg versuchen wir den Status jener aufzuwerten, die durch ihre Opfer, ihre Liebe oder ihr Vertrauen in uns auch diesen Wunsch geweckt haben, die Grenze zu überschreiten. Wir geraten dadurch in eine unerträgliche Zwickmühle, weil wir durch unseren Erfolg zugleich die gesellschaftliche Unterlegenheit jener bestätigen, denen wir zum Teil unseren Aufstieg verdanken. Sie haben darauf gesetzt, dass es uns eines Tages »besser als ihnen«[4] gehen würde. Der Verrat, das Bedürfnis, unser ursprüngliches Milieu zu verlassen, ist also paradoxerweise indirekt diesem Streben geschuldet, das andere für uns formuliert haben und das darin besteht, erfolgreicher zu sein als sie, oder vielleicht *für* sie, an ihrer Stelle, erfolgreich zu sein. Daher rührt der Schmerz, die Zerrissenheit all jener, die in dieser doppelten

Anforderung gefangen sind: »etwas Besseres zu sein« und dabei gleich zu bleiben:

> »Der Schmerz der Kinder, die sich kulturell von ihren Eltern lösen, resultiert aus dem Wunsch Letzterer, dass ihre Kinder besser gebildet und somit glücklicher sein mögen, dass es ihnen ›besser gehen soll als ihnen‹ […]; und gleichzeitig möchten sie gern, dass man identisch mit dem Kind bleibt, das sie gekannt haben, dass man weiter über die gleichen Dinge wie sie lachen, die gleichen Fernsehsendungen wie sie schauen kann. Dass sie nicht auf der Strecke bleiben. Es gibt einen zweifachen Zwang, sich zu bilden und gleich zu bleiben. Mein Leiden rührte daher, dass mir das nicht gelang.«[5]

## Die Logik des Durchbruchs

Wo gibt es für uns ein Durchkommen? Wie sollen wir uns einen Weg bahnen? Indem wir uns Orte aneignen, an denen wir anders sein können und zweifelsohne besser aufgehoben sind; indem wir neue Räume durchschreiten und sie zu unseren machen. Das setzt manchmal eine Art Durchbruch voraus. Nicht in dem Sinne, dass wir uns gewaltsam Zutritt verschaffen müssten, sondern es muss uns gelingen, den Ort zu verlassen, an dem wir gefangen, stecken geblieben und eingeschlossen sind. Einen Ort zu verlassen ist sicherlich ebenso schwierig, wie sich dazu durchzuringen, einen neuen zu betreten.

Eine soziale Veränderung erfordert häufig einen Ortswechsel. Die Vieldeutigkeit des Wortes »Platz« hat ihren Grund. Um meinen Platz in der Gesellschaft zu wechseln, durchquere ich andere Orte und lasse sie im Gegenzug mich durchqueren und verändern. Der Ort als physische Grundlage vermittelt mir Zutritt zu anderen Plätzen. Der Beruf des Schauspielers oder Rechtsanwalts erscheint eher auf meiner inneren Landkarte, wenn ich regelmäßig ins Theater gehe oder ein Freund meiner Eltern einen dieser Berufe ausübt. Je weiter ein Platz von meiner eigenen Lebenswirklichkeit entfernt ist, je stärker er nur in der Vorstellung existiert, desto weniger kann ich darauf hoffen, ihn einmal einzunehmen und auszufüllen. Natürlich kann er eine echte Anziehungskraft ähnlich einer Wunschvorstellung auf mich ausüben. Doch die Realität eines gesellschaftlichen Platzes zu erfassen, ihn in konkreten Umrissen wahrzunehmen, ein echtes Gespür für ihn zu bekommen, lässt ihn greifbarer in meine Reichweite rücken.

Dieser neue Raum liegt manchmal eher zufällig auf meiner Strecke. Wenn meine Umgebung gut durchdacht ist, wurde er so auf meinem Weg platziert, dass ich ihn nicht verfehlen kann. Es braucht nur eine Schule, eine Bibliothek oder ein Kulturzentrum, und schon entwickeln sich Neigungen, zeigen sich Talente, zeichnen sich Möglichkeiten ab. Kostenlose, zugängliche Orte, passende Öffnungszeiten: Wovon hängen manchmal die Entscheidungen für den richtigen Weg, die unverhofften Verläufe und erfolgreichen Pfade im Leben ab? Unerwartete Möglichkeiten hervorzurufen und zu provozieren, indem wir den geographischen und symbolischen Plätzen, die wir pädagogischen und kulturellen Institutionen zuweisen, eine zentrale Bedeutung beimessen, sollte ein dauerhaftes politisches Anliegen darstellen. Deshalb ist es so wichtig, Städte bewusst zu gestalten und die Wege der Einwohner so mitzudenken, dass diese ganz wie von selbst an Orten vorbeikommen, die sich als Schleusen und Durchgangsorte zu anderen möglichen Leben erweisen und an denen sich andere Plätze schon gedanklich abzeichnen. An solchen Orten, die mir zwar nicht vertraut sind, doch an denen ich lande, weil es draußen kalt ist, weil ich mich langweile oder weil Freunde mich dorthin mitnehmen, eigne ich mir neue Gewohnheiten an, nehme ich neue Haltungen ein, finde ich Geschmack an einem anderen Auftreten. In der Bibliothek bin ich leise; im Theaterverein kann ich mich dem Überschwang hingeben und im Stadion meiner ganzen Energie, die sich im Alltag in zu kleinen Räumen aufstaut, freien Lauf lassen.

Doch diese Übergänge von einem Punkt zum nächsten stellen auch Durchbrüche dar. Es ist nicht allein damit getan, irgendwo hinzugehen, sondern es geht auch darum, etwas aufzubrechen, das uns einschließt, nicht zu flüchten oder auszubrechen, sondern sich nach außen hin zu öffnen, eine Bresche zu schlagen, das Licht hereinzulassen. Ein Durchbruch bedeutet etwas aufzubrechen, um nach draußen und zum anderen zu gelangen; um sich mit Elan in die Ferne aufzumachen, aber auch, um das Ferne oder das Neue hereinzulassen. Den Kreis öffnen, die Schranken durchbrechen. Wozu brauchen wir Durchbrüche in unserem Leben? Warum müssen manche von uns das aufbrechen, was uns umschließt, um wirklich außerhalb eines Raums zu existieren, in dem wir uns eingepfercht, marginalisiert und ausgeschlossen fühlen? Was sind das für reale Räume, seien sie nun zu dicht besiedelt oder auch verlassen, in denen sich das Individuum in seinen Möglichkeiten derart eingeschränkt fühlt? Auch wenn wir vielleicht sofort an Großstadtsiedlungen denken, prägen doch auch heute noch geographische Abgeschiedenheit, kulturelle Isolation und die begrenzten Bildungsmöglichkeiten das Schicksal junger Menschen in den ländlichen Gebieten.[1]

Der Durchbruch oder das Erobern und Eindringen in neue Räume mögen uns wie die Übertretung einer stillschweigenden Regel und eines latenten sozialen Determinismus bzw. eines absurden, aber in Selbstzensur verinnerlichten Verbots (»das ist nichts für uns«) vorkommen. Wie kann das zum Ausgangspunkt einer neuen Existenz werden?

Was müssen wir aufbrechen, um zu leben? Im Wesentlichen die Vorstellungen, die, wenn sie zu bestimmten verschlossenen Räumen hinzukommen, als Mauern fungieren. Selbst wenn der Begriff des Durchbruchs eine Form von Gewaltsamkeit nahelegt, können wir uns vorsichtig und schrittweise diesen neuen Gebieten annähern und von einem Gebiet bzw. Territorium zum nächsten hinübergleiten. Damit gehen stets auch ein Perspektivwechsel und eine Deterritorialisierung einher, um einen Neologismus von Gilles Deleuze zu gebrauchen. Wir können auf leisen Sohlen in den angestrebten Raum schleichen, uns von ihm einfangen lassen und uns selbst dazu überlisten, dorthin vorzudringen, ohne dass wir uns dessen gänzlich bewusst wären. Der zeitgenössische Künstler Kader Attia erzählt, wie er als Jugendlicher eine Bibliothek betrat, um sich aufzuwärmen, nachdem er als Verkäufer auf dem angrenzenden Markt gearbeitet hatte. Er gewöhnte sich an, dort in Büchern zu blättern, und nachdem er sie ein oder zwei Jahre lang vor Ort gelesen hatte, fing er an, Bücher auszuleihen:

> »Am Rande des Marktes lag die Tür zu dieser Bibliothek. Eines Tages bin ich hineingegangen, weil es so kalt war. Ich nahm ein Buch, und dann wurde es zur Gewohnheit. [...] Eines Tages musste ich sie mir einfach ausleihen. Ich habe schließlich meinen Mitgliedsbeitrag gezahlt, mir meine eigene Karte und viele Bücher geholt und bin damit zu mir nach Hause gegangen. Auch das ist eine Art von Einbruch.«[2]

Orte, die als Sprungbretter zu anderen Plätzen dienen, können genauso gut imaginär, fiktiv und symbolisch sein. Nicht nur die Bibliotheken selbst, sondern ebenso die Räume, die sich in Büchern entfalten und die beim Lesen weitere Welten entstehen lassen, können solche Orte darstellen. So bewirkt die Reise durch den Raum eine symbolische Öffnung, wir reisen von dem Ort, an dem wir unseren Lebensunterhalt verdienen, zu jenem, an dem wir andere Lebensentwürfe ersinnen. Die Arbeit des Künstlers liegt aus Attias Sicht in genau diesem Akt des Durchbruchs, und er hebt bei der Vorstellung seiner Ausstellung mit dem bezeichnenden Titel *Les racines poussent aussi dans le béton* (›Wurzeln wachsen auch im Beton‹) die Notwendigkeit hervor, eine Bresche in die Festungen zu schlagen, die uns gefangen halten. Die Anthropologie des Durchbruchs besteht nach seinen Worten darin, »das Bedürfnis des Menschen, auf der Grundlage von Durchbrüchen zu handeln, um zu existieren, in den Mittelpunkt zu rücken«.[3]

## Es bleibt unruhig

Wenn wir alles daransetzen, unseren eigenen Platz zu finden, könnte das allerdings auch gerade dazu führen, dass wir ihn am Ende verfehlen. Oder besser gesagt, dass wir zwischen den Plätzen umherirren, als blieben wir von diesen Erfahrungen des Übergangs und der Durchreise bzw. der Durchquerung der Welten für immer gezeichnet. Vielleicht kommen wir nie irgendwo so ganz an, wenn wir schon so viel durchlebt haben, um zum richtigen Ort zu gelangen. So als wäre die Herausforderung der Überfahrt an die Stelle des Ziels getreten, als hätten sich die Dynamik und die Anstrengungen der Bewegung noch nachdrücklicher wie eine charakteristische Anspannung in unsere Persönlichkeit eingeschrieben, als wäre dieses Schwanken zwischen Ausgangs- und Ankunftspunkt zu einer Art innerer Bewegung geworden, zu einer unstillbaren Unruhe.

Wir würden demnach stets *zwischen* diesen beiden Orten, diesen beiden Facetten unserer Identität, diesen zwei Sprachen, Ländern und Milieus verbleiben. Wir sind nicht mehr die, die wir waren, als wir unsere Familie verließen, doch wir werden niemals ganz so sein wie jene, zu denen uns zufällige Umstände wie Exil, Krieg oder eigener Antrieb geführt haben. Annie Ernaux drückt diese Zerrissenheit der Klassenüberläuferin aus, die sich weiterhin mit denen identifiziert, die sie verlassen hat. Sie hat Mühe, sich in diesen Frauen wiederzuerkennen, denen sie nunmehr jedoch gleicht, ohne es zu wollen:

> »Ich mag die Frau nicht, die ich geworden bin, oder vielmehr all jene nicht, die mir ähneln. Das nennt sich Zerrissenheit.«[1]

Weil sie sich »am Scheideweg zweier Welten« befinden, wie es die Philosophin Chantal Jaquet sehr treffend analysiert, erleben die Klassenübergänger eine »doppelte Distanz in Bezug auf das Herkunfts- und das Ankunftsmilieu«. Sie zeichnen sich durch ein »Ethos der Distanz« aus, das heißt, sie sind »von der Praxis des Übergangs und der Erfahrung, sich zwischen zwei Welten zu befinden, zutiefst geprägt«.[2] In diesem Sinne kehren Klassenübergänger, ähnlich wie Exilanten, niemals wieder ganz in ihr Heimatland zurück, ebenso wenig wie sie jemals die neue Staatsangehörigkeit völlig verinnerlichen. Sie sind vom Stempel einer doppelten Differenz gezeichnet: Sie sind fremd im eigenen Land und fremd auf dem neu eroberten Gebiet.[3] Sie tänzeln von einem Bein aufs andere, kommen nicht von diesem inneren Hin- und Herreisen los, und es gelingt ihnen nicht, sich jemals irgendwo wirklich niederzulassen. Gedanklich, emotional und kulturell sind sie unentwegt in diesem Pendeln zwischen zwei Polen gefangen. Zwei verschiedene Arten, sich zu verhalten, zwei verschiedene Arten, sich auszudrücken. Die Intensität, mit der jeder dieser beiden Pole sie anzieht, variiert im Lauf des Lebens, so wie der Mond die Gezeiten beeinflusst. Das Ausmaß dieser inneren Regungen und die Tiefe der Zerrissenheit bestimmen den Rhythmus des Lebens all jener ›Deplatzierten‹, die fast immer gegen den Strom schwimmen, egal ob sie zurück zum Herkunftsort reisen oder in Richtung Horizont streben.

Für Annie Ernaux bleibt diese »Trennung vom Rest der Welt« schmerzlich »in ihrem Körper verankert«.[4] Sie scheint ihr »subtil ins Territorium und in die Köpfe« eingeschrieben.[5] Es ist die Erfahrung eines unsichtbaren Ausschlusses: Immer noch gibt es Räume, in denen wir uns nicht willkommen, sondern stets wie Eindringlinge fühlen; unzugängliche Orte, die uns das Gefühl geben, dass wir sie »durch einen Einbruch« betreten.[6] Es bleibt das spürbare und körperliche Empfinden, dass wir kein Teil dieser Welt sind, »die uns nicht zusteht«. Das Gefühl der Fremdheit lässt uns nicht los, so als wären unsere Präsenz und unser Erfolg in diesem sozialen Raum eine »Anomalie«, was uns zugleich verbietet, uns über sie zu freuen:

> »Der schulische Erfolg wird in diesen Fällen selbst nicht als Sieg empfunden, sondern als prekäre, merkwürdige Chance, als eine Art Anomalie; wir sind auf jeden Fall in einer Welt, die uns nicht zusteht.«[7]

Man erwartet von uns, im Stillen erfolgreich zu sein. In seinem Buch *Ein soziologischer Selbstversuch* [*Esquisse pour une auto-analyse*] behandelt Pierre Bourdieu genau dieses Phänomen: Die Anerkennung kann nicht in vollem Umfang genossen werden, wenn sie vor dem Hintergrund von Zweifeln, Argwohn und der Infragestellung des Schulsystems entsteht, in dem man auch Gewalt und Ungerechtigkeit erlebt hat. »Als ob die Selbstsicherheit, die sich der empfundenen Anerkennung verdankt, von einer tiefgreifenden Unsicherheit in Bezug auf die Instanz der Anerkennung, einer Art eitler und betrügerischer, schlechter Mutter, in ihrem innersten Kern zerfressen würde.«[8] Das starke Bild der »schlechten Mutter« drückt aus, wie sehr uns die Anerkennung zwischen den Fingern zerrinnt. Was ist dieser Erfolg wert, wenn wir denen misstrauen, die ihn uns zuschreiben? Was ist die Liebe derer wert, die uns schon angelogen oder betrogen haben?

So entgehen uns die Früchte unserer Bemühungen, uns in diese neue Sphäre hochzuarbeiten, wir befinden uns in dieser Welt wie Zaungäste, sind mehr Zuschauer als Akteure. Diese Welt bleibt uns unzugänglich, obwohl sie unmittelbar vor uns liegt. Wir betreten die Bühne wie »Statisten«, um einen Begriff von Annie Ernaux zu verwenden, so als ob wir zu unserem eigenen Leben auf Distanz bleiben würden, als ob wir nicht wirklich an der Vorstellung mitwirken würden.[9] Pierre Bourdieu beschreibt ebenfalls »die eigene Verwirrung und Ratlosigkeit angesichts bestimmter kultureller Tatsachen (in jederlei Hinsicht), die unseren Milieus unbekannt waren«.[10] Wir tun so, als würden wir diesem Milieu angehören, als wären wir auf dieser Bühne zu Hause, doch innerlich bleibt ein Gefühl der Distanz, vielleicht sogar der Gleichgültigkeit. Als wären wir nicht ganz anwesend, als würde es uns nicht gelingen, uns diesem Augenblick hinzugeben, ihn wirklich zu leben, uns mit ganzem Herzen auf diese Realität einzulassen und sie zu bejahen.

So erinnere ich mich an diese diffuse, vage vorhandene Schwierigkeit, in die Wirklichkeit einzudringen, als wäre der Stoff, aus dem sie gemacht ist, zu dicht, zu schwer und zu dick, so als wäre ich durch einen unzerreißbaren Schleier von ihr getrennt. Ich erinnere mich an die Schwierigkeiten, mich an Gesprächen zu beteiligen, mich einzubringen, Teil der Runde zu werden, dazuzugehören. Ich erinnere mich an meine stille Sehnsucht, mich einzufügen. Es war, als würde etwas an der Atmosphäre, dieser Materie, die ungreifbar und doch spürbar ist, etwas an dem Glanz der Existenz und der Sichtbarkeit, der uns umgibt, uns entgleiten und uns ausschließen. Und wir bleiben außen vor, auf Distanz, wie gelähmt, unfähig, uns in diesen unsichtbaren Zirkel der Präsenz einzufügen. Wir würden gern mitspielen, doch uns fehlt der nötige Elan, die Kühnheit und das Selbstvertrauen. Es fehlt uns die Leichtigkeit und Anpassungsfähigkeit. Oder vielleicht, im Grunde genommen, die Lust und das Interesse. Als würde dieses Schauspiel unseren Augen zu fremd bleiben, bis hin zu dem Punkt, dass es uns bisweilen sogar absurd erscheint.

> »Ich bin in eine Welt eingetreten, die nicht mehr das gewohnte Ethos, dieselben Lebens-, Verhaltens- und Denkweisen aufweist. Diese grundlegende Erschütterung steckt tief in mir. Selbst körperlich. Es gibt Situationen, in denen fühle ich mich … Nein, das hat nichts mit Schüchternheit oder Unbehagen zu tun, sondern mit dem richtigen Platz. Als wäre ich nicht an meinem Platz, als wäre ich da, ohne da zu sein.«[11]

›Da sein, ohne da zu sein.‹ Es bleibt unruhig am Platz. Das zeichnet die Schwierigkeit des »Platzwechsels« aus, der eine grundlegende »Erschütterung« darstellt, d. h. eine große Verwirrung, die durch eine brutale Handlung hervorgerufen wurde. Dieser Platzwechsel ist mit Gewalt verbunden, nämlich der der Zerrissenheit. Etwas wird niemals wohlgeordnet sein. Etwas bleibt von diesem Durcheinander zurück, wenn man Klassenüberläufer ist, etwas von diesem Gefühl, zwischen den Stühlen zu sitzen und niemals ganz an diesen neuen Orten mit ihrer neuen Lebensart präsent zu sein, die an uns abperlt, ohne je wirklich »hängen zu bleiben«.[12] Für Chantal Jaquet ist der Klassenübergänger »*out of place*«.

»Er lässt eine Klasse hinter sich, auf die Gefahr hin, künftig immer fehl am Platz zu sein. Er ist *out of place*, steht an der Schwelle zwischen drinnen und draußen und bewegt sich zwischen den Plätzen, was ihn der *fluctuatio animi* [*dem Schwanken der Seele*] aussetzt.«[13] Wenngleich dieses Schwanken der Seele in den Worten von Annie Ernaux oder Pierre Bourdieu[14] schmerzvoll erscheint, ist es in den Augen der Philosophin nicht nur das. Anscheinend erkennt sie eine Form der Geschmeidigkeit in seiner kombinatorischen Logik, eine Kraft zur Neugestaltung, und sieht vielleicht sogar eine gewisse Stärke in dieser Fähigkeit, die Auflösung des persönlichen und gesellschaftlichen Ichs zu ertragen.[15] Für Chantal Jaquet bestätigt der Klassenübergänger, dass Menschen sich verändern, ständig in Bewegung sein können und die Möglichkeit besitzen, sich einen Weg zu neuen Ufern zu bahnen.

> »Klassenübergänger sind der lebende Beweis dafür, dass Menschen Mobilität und Plastizität aufweisen können, und zwar selbst unter den widrigsten Umständen. [...] Dass sie die alten Schemata nicht reproduzieren, legt nahe, dass sich Individuen, die sich im Übergang zwischen zwei Klassen befinden, einen Weg bahnen und abwechselnd die Welten, die sie durchqueren und von denen sie durchquert werden, prägen und von ihnen geprägt werden.«[16]

Es handelt sich um Menschen »auf der Durchreise, [die] in Zwischenwelten leben«. In gewissem Sinne sind sie Rückkehrer, die wie Phantome zwischen zwei Zeitlichkeiten umherirren. Wie die Philosophin sehr treffend formuliert, kommen sie »von weit her zurück«.[17]

Es kann tatsächlich auch als Vorteil betrachtet werden, nirgends verwurzelt zu sein. Keinen festen Platz zu haben, von einem sozialen Raum zum nächsten, von einer Epoche zur nächsten wechseln, sich in die Lage von anderen hineinversetzen zu können, um sie besser zu verstehen: Ist das nicht auch ein gewisses Privileg? Niemals ganz mit den anderen übereinzustimmen, immer ein Stück weit hinterherzuhinken, bewahrt uns vor blinder Akzeptanz und schafft die kritische Distanz, die für jede Form der geisteswissenschaftlichen Arbeit erforderlich ist. Das bestätigt auch der Historiker Romain Bertrand mit Nachdruck. Sich eher »dazwischen« als »mittendrin« zu befinden, sich nicht niederzulassen, sondern immer den Platz zu wechseln, sei diese Art der natürlichen »Unruhe«, die vielleicht erkläre, was einen für die geisteswissenschaftliche Forschung prädestiniere:

> »Was den Platz des Historikers angeht, nach dem Sie mich fragten: Die Regel lautet, keinen festen Platz zu haben. Es gibt Leute, die davon überzeugt sind, dass sie einen Platz haben, Leute, die ihr Leben damit verbringen, darum zu kämpfen, ihn sich zu erobern und ihn zu bewahren. Sie sind gern ›verwurzelt‹, wie es Marcel Détienne ausdrückte, andere hingegen weniger – zu Letzteren zähle ich mich. Ich bin durchaus fest davon überzeugt, dass ein großer Teil derjenigen, die sich zu den Geisteswissenschaften berufen fühlen, den Eindruck hat, nicht in vollem Umfang den Selbstverständlichkeiten des sozialen Spiels oder den Erwartungen an eine Identitätszuweisung zu entsprechen. Dies eröffnet in uns die Bereitschaft, auch anderen Stimmen Gehör zu schenken. Die Voraussetzung des Spiels und seine Regel bestehen darin, niemals am rechten Platz zu sein.«[18]

## Der »wahre Ort«

Gibt es keinen eigenen Ort für mich? In *Le vrai lieu* (›Der wahre Ort‹), einer Gesprächsreihe von Annie Ernaux mit der Regisseurin Michelle Porte, zeichnet die Autorin ihre innere Entwicklung nach, von dem Gefühl, fehl am Platz zu sein, bis hin zum Empfinden, »wirklich angekommen« zu sein, ihren »wahren Ort« gefunden zu haben. Diesen erreichen wir nicht so geradlinig, wie ein Pfeil sein Ziel trifft, sondern wir umkreisen ihn, wir gelangen trotz und zweifelsohne dank allem, was uns auf den ersten Blick von ihm abhält, dorthin, wobei jedes »Hindernis« zum Stoff, zur nützlichen »Realität für das Schreiben« wird.[1] Entsprechend sind die Misserfolge, die Fehlschläge im Leben, die falschen Entscheidungen und Irrwege vielleicht nicht nur missglückte Lebensmomente, sondern Erfahrungen, die mich ausgerechnet im Zusammenbruch neu aufbauen. Denn gerade der Eindruck, ein falsches Leben zu leben, weckt in uns das Gefühl, dass wir etwas Neues brauchen, eine veränderte Beziehung zur eigenen Existenz.

Der wahre Ort ist weniger ein Ort als vielmehr eine Aktivität, eine Modalität des Seins, bei der sich das Subjekt mit Leib und Seele unter einen Einfluss begibt, der doch reine Aktivität, Steigerung des Lebensgefühls und volle Präsenz bedeutet. Es ist der Ort, an dem wir, wie es bei Annie Ernaux heißt, das Gefühl haben, »am meisten zu sein«.[2] Ganz bei der Sache zu sein, wenn wir etwas tun, etwas hervorbringen, bei dem Werk, das sich entwickelt, vollkommen präsent zu sein, anstatt in einer Form der narzisstischen Introspektion zu verharren. Bei der Schilderung der Schreibphase ihres Werks *Die Jahre* [*Les années*] betont Annie Ernaux dieses Paradox der Macht, die aus einer derart vereinnahmenden Aktivität hervorgeht:

»Ich war eine Gefangene des Textes, aber ich fühlte mich dadurch überhaupt nicht eingeschränkt. Im Gegenteil, aus diesem Einfluss erwuchs ein Gefühl der Macht. Ich war genau an dem Ort, an dem ich sein musste.«[3]

An welchem »Ort« wir gemäß einer jedem Menschen eigenen inneren Notwendigkeit sein müssen, zeigt sich im Gefühl der Macht, das er freisetzt. Mag er auch von außen betrachtet durch Beherrschung und Einschränkung gekennzeichnet sein – ich werde durch die damit verbundene Aktivität ganz in Beschlag genommen –, empfinden wir dort eine Steigerung unserer Macht und eine essentielle Bestätigung unserer schöpferischen Kraft.

»Das Schreiben ist mein ›wahrer Ort‹. Von allen eingenommenen Orten ist es der einzige immaterielle, der sich nirgends einordnen lässt, doch der, davon bin ich überzeugt, alle anderen auf die eine oder andere Weise umfasst.«[4]

Dieser immaterielle Ort, den das Schreiben für Annie Ernaux darstellt, hat sich ihr zunächst in imaginärer Gestalt offenbart. Meinen »wahren Ort« erkunde ich vielleicht erst einmal in der Phantasie, indem ich davon träume, Schriftsteller oder Arzt zu werden, indem ich ihn mir heimlich ausmale und mich ihm dadurch annähere. Somit ist mein wahrer Ort zweifelsohne schon längst auf einer unsichtbaren Ebene bewohnt als eine heimliche, nur für mich hörbare Melodie.

Dank der Macht dieses Nichtverwirklichten und der Kraft des Imaginären können wir uns anderen Welten nähern, die unserer eigenen entgegengesetzt sind, und uns mit Hilfe der verschiedenen Lebensverläufe eine tiefere Existenz vorstellen:

> »Das Lesen war der Ort des Imaginären, an dem ich intensiv lebte; gleichzeitig trennte es mich von der realen Welt meiner Kindheit, indem es mir Lebensformen darbot, die sehr oft meinen eigenen diametral gegenüberstanden. Ich tauchte ganz und gar in die Traumwelt jedes Buches ein, doch dieses Nichtverwirklichte spielte eine sehr große Rolle bei meinem Wissenserwerb. [...] Das Buch war mein Tor zur Welt.«[5]

Wir werden so zu Erben anderer Welten als jener, in der wir tatsächlich leben:

> »Um zu wissen, wer und wessen Erben wir sind, müssten wir die Teile unseres inneren Museums zusammenfügen.«[6]

Sicherlich sind wir von unserem ursprünglichen sozialen Raum geprägt, doch vermittelt durch die Literatur oder das Kino, durch alle Formen der Kunst eignen wir uns fremde Welten an, die Breschen in unseren Alltag schlagen. Diese Dynamik, die uns von der faktischen Existenz hin an unseren wahren Ort trägt, stellt daher keine Flucht dar, sondern eine Entwicklung, die einem Gefühl der Zugehörigkeit und der Identifikation gehorcht. Wir erkennen uns selbst und unsere Situation in dem Spiegel, den die Werke uns vorhalten. Ein Roman erhellt für uns, was dunkel und unklar blieb, er hilft uns, uns aus der Distanz selbst zu verstehen, durch die Fiktion, die viel über unsere eigene Wirklichkeit aussagt.[7] Wer ich bin, verstehe ich manchmal angesichts literarischer Figuren. So erkennt Annie Ernaux in dem Paar aus Perecs *Die Dinge* [*Les choses*], das sich in einer materialistischen Illusion des Glücks und einem unechten Verhältnis zur Welt verloren hat, ihre eigene Partnerschaft wieder. Der Text wirkt wie eine Offenbarung: Die Haltungen, die Verstellungen, die Lebenslügen dieses Paars ähneln denen ihrer eigenen Beziehung. Die Fiktion entlarvt uns, sie entblößt das falsche Idyll unseres Lebens, bringt zum Vorschein, was wir nicht sehen wollen. Sie zeigt zugleich andere Möglichkeiten auf. In diesem Sinne ermöglicht Literatur »die Erhellung des Dunklen im Leben«. Sie ist »das enthüllte und erhellte Leben«.[8] Einige Bücher geben uns Hinweise, warnen uns, zeigen uns Irrwege auf, veranlassen uns dazu, umzukehren. Dies schildert auch Pierre Bourdieu in seinem Werk *Ein soziologischer Selbstversuch*:

> »Zweifellos ist es diese Lust daran, ›alle Leben zu leben‹, von der Flaubert spricht, und alle Gelegenheiten zu ergreifen, sich ins Abenteuer zu stürzen, was jedes Mal die Entdeckung neuer Milieus bedeutet [...], die [...] bei mir dazu geführt hat, mich für die unterschiedlichsten sozialen Welten zu interessieren. Ich glaube, dass die Bücher in meinen endlosen Sommerferien die Lust in mir weckten, in unbekannte gesellschaftliche Milieus vorzudringen.«[9]

Mein »wahrer Ort« ist auch der Ort, an dem ich mich mit mir selbst versöhne. Für Pierre Bourdieu hat das Schreiben seines ersten Textes, *Junggesellenball: Studien zum Niedergang der bäuerlichen Gesellschaft* [*Le bal des célibataires*], diese Rolle gespielt. Die tiefgreifende Erfahrung des Klassenübergängers besteht in der Unruhe und Sorge eines Subjekts, das stets in Spannungen und Widersprüchen gefangen ist. Von seinem gespaltenen Habitus durchdrungen, versucht es vergeblich, die Gegensätze bzw. die Licht- und Schattenseiten der Wirklichkeit, um ein von Bourdieu verwendetes Bild zu bemühen, »miteinander zu versöhnen«.[10] Das Schreiben eröffnet ihm eine Möglichkeit, respektvoll zu einem Teil seiner selbst, seinen Freunden aus der Kindheit und seinen Eltern zurückzukehren. Es scheint ihn durch den Blickwinkel der ethnographischen Herangehensweise wieder jenen näherzubringen, von denen er sich auf seinem akademischen Weg entfremdet hatte. Als würde das Schreiben etwas zurückbringen, das versteckt war, dessen man sich entledigt hatte, um in den Rahmen zu passen:

> »Mir wurde ein ganzer Teil von mir selbst zurückgegeben, nämlich genau jener, durch den ich an ihnen hing und der mich von ihnen entfremdete, weil ich ihn nur dadurch in mir verneinen konnte, dass ich sie verleugnete, indem ich mich für sie und mich schämte. Die Rückkehr zu den eigenen Wurzeln wird von einer – wenn auch kontrollierten – Rückkehr des Verdrängten begleitet.«

Somit geht es darum, einen Schreibstil zu finden, der die Scham und Verleugnung der Familie und der eigenen Person überwindet, der respektiert, ohne zu beschönigen, der beschreibt, ohne zu verraten. Für Bourdieu ist es die Distanz der ethnographischen Herangehensweise, die dies ermöglicht; für Annie Ernaux ist es das »sachbezogene« Schreiben.[11] In beiden Fällen geht es darum, die Affekte zu verändern und die Worte durch eine Form der Dezentrierung und Distanzierung zu kontrollieren. Indem er bestimmte Kunstgriffe der intellektuellen Welt ablegt, indem er das Arbeitermilieu als Reflexionsgegenstand wiederfindet und seine Sprache von rhetorischen Ticks befreit, erlebt Bourdieu die »Reinigung eines Neuanfangs«.[12] So nimmt er wieder Verbindung auf zu dem »unterschwelligen Trieb und der heimlichen Intention, die die verborgene Seite eines gespaltenen Lebens darstellte«.[13]

Es gilt, die so dezente wie eindringliche Melodie, die uns geleitet hat, wiederzufinden, unsere verschiedenen Lebenslinien, die sich eher überschneiden, als sich zu gabeln, miteinander zu verbinden. Es gilt, die Person, zu der wir geworden sind, zu versöhnen mit der, die wir niemals aufgehört haben zu sein. Als wir selbst wiedergeboren zu werden in der ganzen Komplexität der Person, zu der wir geworden sind.

## Die Misstöne des Begehrens

»Als Kind liebte ich ein Mädchen in meinem Alter, das ein wenig schielte.«

René Descartes, *Lettre à Chanut* (›Brief an Chanut‹)

»Was findest du nur an ihm?« Es gibt in unserem Leben Episoden, die einfach aus dem Rahmen fallen, Elemente, die wir nur schwer unterbringen können, merkwürdige Randnotizen des Textes, den wir zu schreiben versuchen. Der karriereversessene und ordinäre Mann, mit dem ich schlafe,[1] der Ort ohne jeden Charme, an den ich gern zurückkehre, die Außenseiterfreunde, die »fehl am Platz sind«, sagen allesamt etwas über die Person aus, die ich auch einmal war. All diese Misstöne, diese Momente, in denen unsere Stimme heiser wird, in denen wir eine falsche Geste machen, diese Momente, in denen etwas schiefläuft, als würden wir von einer höheren, archaischen Macht magisch angezogen, die uns auf eine Vergangenheit zurückwirft, die wir in unserem übrigen Leben gern auslöschen würden. Ein ungeschliffener Akzent, vulgäre Ausdrücke, die mir wieder einfallen, die ich mir erlaube, als würde es sich dabei um Verstöße handeln. Diese verschiedenen Risse im Gewebe unseres Lebens verraten trotz all unserer Täuschungsmanöver, woher wir kommen. Wir machen sehr viel mehr, als zu täuschen, wir geben viel zu viel, wir opfern einen Teil unserer Vergangenheit, die sich nunmehr unauffällig und still verhalten muss. Wie ein Vorbestrafter. Was also weist uns da zurecht?

Die Misstöne treten zutage, wenn die Kategorien, die sozialen Einteilungen zu verschwimmen scheinen. Wenn ich mich unpassend verhalte, statt den guten Ton zu treffen, wenn da etwas »nicht stimmt« in der Beziehung, wenn eine ungewohnte Meinung in einer Diskussion auftaucht.[2] In den Misstönen nehmen wir die kleinen Momente des Verrats in bestimmten sozialen Laufbahnen wahr. Sie bringen zum Ausdruck, dass diese Anstrengungen ihren Preis haben. Sie signalisieren uns vielleicht, dass wir an unsere Grenzen stoßen. Uns von einem Teil von uns zu trennen, in Sketchen der sozialen Komödie mitzuspielen, erweist sich somit als zu hoher Preis. Der Missklang zeigt an, wenn wir beim Wechsel unseres Platzes an unsere Grenzen stoßen, wenn der Platz unerträglich wird. Der Moment, in dem ich nicht mehr in der Lage bin, diesen hart erkämpften Platz zu halten, lässt sich in meiner Stimme und meiner Art zu reden vernehmen; er zeigt sich in meinem Körper, der bebt, oder in meinem Gesicht, das errötet.

Doch aus den Misstönen spricht auch die Versuchung, zurückzukehren, und die Lust, trotz aller Versprechungen zurückzuschauen, die Sehnsucht, sich zu denen umzuwenden, die man zurückgelassen hat. Der Wunsch, wieder in die Vergangenheit einzutauchen und die stürmischen Schwärmereien mit ihrer Leidenschaft wiederzufinden. Mitsamt ihrer Sprache, Gestik und Choreographie. Die Rückkehr zu uns selbst vollzieht sich bisweilen unerwartet und in Form einer Erfahrung, die uns eher überrascht, als dass wir sie steuern könnten. Da unser Körper durch die emotionalen Schemata der Kindheit geprägt bleibt, könnten wir eine Anziehungskraft aus der Vergangenheit empfinden. »Die Prägung dieser frühesten Welt«, gemäß einer Formulierung von Annie Ernaux, beeinflusst vielleicht noch die geheime Zuneigung und das Begehren unserer Gegenwart. Wenn diese frühesten Freuden die Formen des Glücks und der Freude in uns vorzeichnen, skizzieren sie zugleich auch die unserer erotischen Gefühle und Verliebtheit. Gerade auf diese spezifischen Freuden möchten wir nicht verzichten.

> »Später wurde mir bewusst, wie sehr mich diese früheste Welt geprägt hatte [...], auch hinsichtlich des oft als ordinär oder geringer geltenden Glücks und der Freuden, deren Kraft ich doch ermessen hatte: die Feste, die Mahlzeiten, die Lieder. Freuden, die natürlich sehr weit weg von den intellektuellen Freuden lagen, doch die für mich selbst konstitutiv waren.«[3]

Unsere Zugehörigkeit zu einem Ort, einem Milieu, prägt und schreibt sich bekanntlich körperlich wie emotional in uns ein. Sie strukturiert auch grundlegend unsere affektiven Schemata. Das Begehren konserviert zweifelsohne die sozialen Spuren unserer ersten Schwärmereien. Es kann uns somit manchmal überraschend zu diesem alten Milieu zurückführen, das wir verlassen haben, so dass begehrenswerte Gesichter wieder auftauchen, die aufs engste mit diesen von uns verlassenen Orten verknüpft sind. Wenngleich wir dort nicht mehr leben, wühlt uns vielleicht noch der Anblick von Gestalten, Worten und Gesten auf, die unsere ersten Sehnsüchte geweckt haben. Wir wissen, mit welcher Kraft die Leidenschaft uns durcheinanderwirbelt und in andere Sphären versetzt, wir wissen dank René Girard, wie sie mit anderen Vorstellungen in einer Dreiecksstruktur verbunden ist. Und wenn das Begehren eines Menschen von der Ahnung des Milieus bestärkt wird, das diesen mit Macht, Ruhm oder Reichtum umgibt, könnte uns das Begehren auch gegen unseren Willen auf archaische Formen der Anziehungskraft zurückwerfen, wie sie sich sehr früh in unserem emotionalen

Gedächtnis entwickelt haben. Das Begehren würde mich somit zu jenen Orten zurückführen, die ich mit großen Mühen hinter mir gelassen habe, und ich würde trotz der Heftigkeit jenes Losreißens durch sein Wiederauftauchen erneut ohne mein Wissen dorthin zurückgeworfen werden. Es hätte den emotionalen Effekt der Madeleine bei Proust. Wenn sich in der Kindheit oder Jugend mein Gefühl der Verliebtheit ausgebildet hat, indem es sich auf bestimmte körperliche Details der Objekte meines Begehrens fixierte, werde ich versuchen, diese wiederzufinden, ohne notwendigerweise den Ursprung dieser Neigung einordnen zu können. So gab Descartes zu, eine Leidenschaft für junge »schielende« Frauen zu haben, die er auf eine Kindheitsliebe zurückführte.[4] Wenn ich mich in ähnlicher Weise von diesem Mann unwiderstehlich angezogen fühle, dann deshalb, weil in seiner etwas schroffen Art, mich anzufahren, und in seinen frechen Blicken alte, aber immer noch lebendige Gefühle widerhallen. Mein Gefühl des Unbehagens, der Scham mischt sich also mit der konfusen Freude der Vertrautheit und der affektiven Regression. Ich kehre zur Wucht der ersten Regungen meines Begehrens zurück, ich werde zu seiner Heftigkeit zurückgeführt, zum Herzschmerz, den es hervorruft. Ich erinnere mich wieder an die Lust der ersten Male, so wie sie sich mir tief eingeprägt hat. Ohne es zu wollen, meldet sich das Verlangen nach demjenigen, den ich eigentlich nicht lieben sollte. So erklären sich vielleicht unsere »schielenden« Liebschaften, die Leidenschaften, deren geheime Logik nur wir verstehen.

Das Begehren würde demnach in seiner Widersprüchlichkeit etwas über den Ort aussagen, von dem wir kommen. In seinem Roman *Laura* analysiert der Anthropologe Éric Chauvier dieses Verliebtheitsgefühl, das uns ins »Provinznest« zurückführt, an diesen Ort der Kindheit, den man so gern verlassen wollte. Die »Trivialität« unseres Begehrens erinnert uns brutal daran, wer wir sind. Bin ich wirklich jemand anderes geworden? Das Begehren packt mich wie eine Hand, die aus der Vergangenheit auftaucht, es stellt den Platz in Frage, den ich seither an einem anderen Ort einnehme. Meine neue, kulturell aufgewertete Identität ist vielleicht nur eine Täuschung. Wer bin ich eigentlich?, fragt sich der Erzähler in *Laura*. Was bleibt vom Intellektuellen übrig angesichts der von Laura gestifteten Unruhe, der alten, ramponierten Jugendliebe? »Deine verflossene Schönheit hebt mich in den Himmel und trägt mich in meine Jugend zurück.«[5] Die Liebe verweist uns zurück an den Ausgangspunkt. Etwas aus unserer Vergangenheit taucht wieder auf, als wäre es nie verschwunden, und seine Macht verrät das angespannte Zusammenspiel zwischen den verschiedenen »Ichs« im selben Subjekt. Die Worte finden die Sprache der Straße wieder und lassen unsere alte Stimme wieder erklingen: »Es sind diese autobiographischen Widersprüche, die wie neu zum Leben erweckt in den Beleidigungen durchschlagen.«[6] Was geschieht, wenn ich wieder von diesen besonderen Emotionen »gepackt« werde: Finde ich mich wieder oder verliere ich mich? Wo kann ich mich innerhalb dieser zerrissenen Identität positionieren? Laura zu vergessen, das Verlangen nach ihr zu unterdrücken, sich vorzunehmen, »das Provinznest zu verlassen«, bedeutet, sich zu verlieren, einen Teil von sich, der stets lebendig war, zu verlieren.[7]

Das unvorhersehbare Begehren bringt uns durcheinander, weil es unsere anmaßenden Entscheidungen und Bemühungen in Frage zu stellen scheint, in die Großstadt zu ziehen und »uns davon zu überzeugen, dass wir es verdient haben«. Das Milieu, das wir verlassen haben, weil wir uns dort schon abgehängt fühlten, packt uns über die Leidenschaft am Schlafittchen. Die frühere Sprache, die doch niemals wirklich unsere eigene war, holt uns mit einer beunruhigenden Vertrautheit ein.[8] Dieser Ort, von dem wir dachten, dass wir ihn ›hinter‹ uns gelassen hätten, lebt wieder tief in unserem Inneren auf, im Herzklopfen, in unserer Verlegenheit, unserem schlecht beherrschten Gefühl, wenn wir in Lauras Nähe sind. Éric Chauvier, der nun wieder als Anthropologe spricht, identifiziert seine eigenen »autobiographischen Widersprüche«, analysiert die Anomalien in unseren Lebenswegen und die »Verirrungen« der leidenschaftlichen Liebe. Die beiden Begriffe drücken gut die Macht eines Begehrens aus, das sich über die Normen hinwegsetzt und sie ablenkt: Die Verirrung ist wortwörtlich eine Entgleisung. Das lateinische *aberrare* bedeutet ›vom Weg abkommen‹, die Verirrung ist eine Entfernung, eine Flucht, eine Ablenkung. Doch unser verirrtes Begehren ist vor allem eine unbewusste, sogähnliche Rückkehr zu verborgenen Formen, die mit den ersten Schwärmereien assoziiert werden, eine Art der nostalgischen Liebe.

In der Erzählung *Anthropologie* ist es wiederum das Begehren, das die soziale Identität ins Wanken bringt, die professionelle Vorgehensweise stört. Der Forscher verliebt sich darin in eine junge Frau aus Osteuropa, die bettelt.[9] Der flüchtige Austausch des Anthropologen mit der Bettlerin verläuft anders als erwartet. Die Umstände, der jeweilige Status der beiden Protagonisten lassen eine bestimmte Art der Begegnung und der Einstellungen erwarten. Doch die Dinge laufen anders ab als gedacht. Sie hätte ihm nicht so nachdrücklich danken, er hätte ihren überschwänglichen Dank nicht so engagiert annehmen sollen. Etwas ereignet sich. Diese Begegnung geht in ihrer Tiefe und Intensität über die Natur der Situation selbst hinaus. Der Blick, dann die Stimme des jungen Mädchens und mehr noch sein Schweigen verwirren den Anthropologen:

> »Dennoch kann ich mich nicht der seltsamen Intensität seines Blickes entziehen. Ebenso wenig kann ich mich

der verwirrenden Intensität dieser Stimme entziehen. [Was sie nicht sagt,] weckt Bilder in mir, die vertraut und geheimnisvoll zugleich sind. Ich finde in ihrer Stimme wieder, was ich in ihrem Blick wahrgenommen habe. Das Intime und das Ferne mischen sich darin auf eine noch ausdrucksvollere Art und Weise.«[10]

Seltsame Vertrautheit einer Szene, in der Erinnerungen wieder auftauchen, ein unerwarteter Widerhall der Vergangenheit in einem Augenblick, in dem auf den ersten Blick nichts auf dem Spiel steht. Die Ambiguität der Begegnung ist auf intime Erinnerungen zurückzuführen, die diese Fremde wieder hervorruft, und auf das Gefühl großer Nähe, die der Erzähler erlebt, als würde er darin etwas von sich wiederfinden. Warum bringt diese junge Frau ihn so sehr durcheinander? Weil sie die Erinnerung an eine lang zurückliegende Kindheit weckt, weil sie dank einer »Geruchsassoziation«[11] das Kind wieder aufleben lässt, das er einst war, und so offenbart, was Chauvier als »Topographie [s]einer unerschütterlichen Kindheit« bezeichnet.[12] Diese junge Frau, die als X oder Ana bezeichnet wird, die der Anthropologe einige Augenblicke auf einem Parkplatz getroffen hat und trotz aller Suche nie wiedergefunden hat, hinterlässt bei ihm einen »Knacks«.[13]

Es sind diese flüchtigen Begegnungen, die uns zutiefst durcheinanderbringen, die uns sehr viel stärker unsere Identität hinterfragen lassen als Jahre der Introspektion. Die Bedeutung, die bestimmte Personen für uns haben, lässt sich nicht auf die Dauer der Begegnung zurückführen, sondern auf die Macht, mit der ihre Anwesenheit in uns nachhallt, und darauf, was sie als wesentlichen Teil von uns selbst freisetzen oder wieder aufleben lassen; auf die verborgene Wahrheit, zu der sie uns, ohne dass wir es wüssten, zurückführen:

»Ich verstehe plötzlich, dass die Biographie von X untersucht werden kann, indem ich mir die Details meiner eigenen Biographie vornehme.«[14]

Der Stoff dieser Identität ist aus sinnlichen und atmosphärischen Eindrücken gemacht.[15] Die Madeleine des Anthropologen riecht nach Asphalt, »Sonnenöl und Ginster, nach einer Mischung aus Sommer und Herbst«, nach »Spätsommer«, nach »Schlamm, vermodertem Bast und frischem Zement«. Sie hat die Schwere »eines gewittrigen Sommers, jenem, in dem ich das vertraute und verwirrende Bild von X verfolgte«.[16] Die seltsamen Liebschaften, jene, die nicht ins Bild passen, sondern überraschen, sagen zweifelsohne etwas Intimes und Archaisches über uns aus. Sie offenbaren ein altes Affektionsschema, etwas über Stimmen und Gerüche, an denen diese Gefühle hängen, und über die verwirrende und regressive Freude daran, sie wiederzufinden und wieder Verbindung aufzunehmen mit einem primitiveren Teil von uns selbst.

Diese seltsame Leidenschaft für Ana halten die Angehörigen des Anthropologen in der Tat für eine »Verirrung«. Sein Gefühl wird sofort durch ihre Bemerkungen disqualifiziert, er kann ihnen zufolge nicht wirklich in dieses Mädchen verliebt sein. Als könnte man klar bestimmen, wen man nicht lieben kann. Der Anthropologe, der sein Herz an sein »Studienobjekt« verliert, erschüttert die akademische Position, in der er sich eingerichtet hatte. Vielleicht ist gerade diese Entdeckung, dass er so wenig in seiner Rolle als Anthropologe verwurzelt ist (er schildert »den Schmerz, sich durch dieses Mädchen entwurzelt zu fühlen«) und dass er so heftig zu anderen Wurzeln zurückgeworfen wird, letztlich das Beunruhigendste an dieser Verliebtheit. Dieser seltsame gemeinsame Augenblick auf einem Parkplatz, dieses Abweichen von seinem Weg sagt viel über den Erzähler und darüber aus, was nicht verschwunden ist, weder aus seiner Kindheit noch aus einer bestimmten Schicht seiner Identität.

## Abdriften und ausschweifen

Manches Begehren wirft uns wie ein unwiderstehlicher Flashback in längst vergangen geglaubte emotionale Zeiten zurück, zu archaischen Liebesobjekten sowie weit zurückliegenden, doch immer noch lebhaften Empfindungen und Berührungen. Ein anderes treibt uns im Gegensatz dazu radikal voran und befreit uns von einem Platz, an dem wir keine Luft mehr bekommen. Die Kraft der Leidenschaft liegt gerade in dieser Ausschweifung, diesem Abdriften weit fort von uns selbst, und wir genießen es trotz der Grenzüberschreitung und des seelischen Schmerzes, dass sie uns erlaubt, einen Teil von uns selbst aufzugeben. Über das Begehren sagt Gilles Deleuze, dass es uns deterritorialisiert, es verweist uns also von unserem gewohnten Spielfeld und ruft so ein Gefühl der Neuheit und Andersheit hervor.[1] Diesem Begehren zu erliegen stellt somit eine Möglichkeit dar, sich von sich selbst zu lösen oder sich als einen anderen zu entdecken. Das Begehren des anderen ist ebenso sehr das Begehren, selbst *anders* und auf neue Weise zu *sein*, sich auf ganz neue Art zu erleben. Genau diese Veränderung suche ich im Begehren: diese Freude daran, sich nicht zurechtzufinden, richtungslos zu sein. Oder radikaler noch, wie Anne Dufourmantelle es ausdrückt, dem Unerhörten zu begegnen.

Doch vielleicht will ich mich auch in noch radikalerer und düsterer Weise verloren fühlen, ich will mich verlieren, mich selbst loswerden. Es geht also weniger darum, begehrt zu werden, als vielmehr darum, sich durch dieses Begehren selbst aufzuheben, zu verschwinden. Das Begehren versetzt uns von der Identität zur Alterität oder zur Selbstauslöschung. Wohin treibt uns die Passivität des Begehrens? Ist dieses Hineinschlittern in die Leidenschaft wie auf einer schiefen Bahn eine Art bereitwillige Selbstaufgabe?

Wir kennen sie, wir haben schon tausendmal von ihr gelesen, wir haben sie ein- oder zweimal erlebt: diese Macht der Leidenschaft, durch die wir nicht mehr wiederzuerkennen sind. Sie beunruhigt uns, weil sie eine unerwartete Andersheit zum Vorschein bringt, weil sie uns unseres Willens beraubt oder, genauer gesagt, ihn ganz und gar in Anspruch nimmt, so dass sie ihm eine nie dagewesene Kraft verleiht.[2] Kein Wunder, dass sich die Metaphern der Liebe auf extreme Naturereignisse beziehen, wie auf die Lawine oder den Wirbelsturm, die uns gewaltsam mit sich reißen und uns forttreiben oder unter sich begraben. Diese unvorhersehbare Metamorphose steht im Zentrum von *Vierundzwanzig Stunden aus dem Leben einer Frau* von Stefan Zweig:

> »Nur ganz leidenschaftsfremde Menschen haben ja in ihren einzigen Augenblicken vielleicht solche lawinenhaft plötzliche, solche orkanische Ausbrüche der Leidenschaft: Da stürzen ganze Jahre mit dem stürzenden Geröll nichtgenützter Kräfte die eigene Brust hinab.«[3]

Das Bild der Explosion veranschaulicht sehr gut die plötzliche Freisetzung all dessen, was das frühere Leben umfasste. Als würden wir unsere Bemühungen, eben diese verborgene Energie, diese verdrängten Kräfte weiterhin zu unterdrücken, urplötzlich bei einer Begegnung, einer Versuchung, aufgeben.[4] Ist diese Explosion im Übrigen wirklich so unvorhersehbar? Der Erzähler führt die Hypothese an, dass lange Jahre der Langeweile und der Enttäuschungen eine Frau dafür anfällig machen würden, ihrer Situation zu entfliehen, so wie die Kinder im Märchen mit dem erstbesten Flötenspieler fortgehen.[5] Wenn wir der Leidenschaft verfallen, dann deshalb, weil sie uns von einer Identität erlöst, in die uns Zwang, Gewohnheit oder Resignation hineingedrängt haben, ebenso wie von der Frustration, nicht wirklich wir selbst zu sein. Diese leidenschaftliche Liebe scheint eine Flucht zu sein, doch sie drückt das sehr viel tiefere Begehren aus, uns durch die Aufhebung unserer sozialen Rolle (als Ehefrau, Mutter, ehrbare Frau) von uns selbst zu befreien.[6] Was sagt diese absurde Leidenschaft einer ehrbaren Frau für einen Unbekannten aus, eine Leidenschaft, die niemand zu verstehen scheint, doch die jeder sogleich bereitwillig streng verurteilt; was sagt sie über die Zerbrechlichkeit der Bindungen (zwischen dieser Mutter und ihren Kindern) aus, die wir für grundlegend halten? Und was über unsere soziale Identität und die Art, wie sie manchmal auf unserem Leben lastet? Sie verrät das Bedürfnis danach, aus einer Haut zu schlüpfen, in der wir stecken, ohne dass sie unsere eigene ist. Wir sind somit selbst überrascht und durcheinander von dem, was wir über uns in diesem Liebesabenteuer erfahren.

Verraten, im Stich lassen – es gibt so viele Arten, radikal mit der Person, die wir waren, zu brechen, uns von ihren Verpflichtungen zu lösen und die Kontinuität unserer Existenz und Identität zu beenden. Wie können wir uns nur so sehr verändern? Möglicherweise verrät die Leidenschaft in bestimmten Augenblicken unseres Lebens ein tiefes Begehren, uns selbst zu verletzen, eine Lust daran, Selbstsabotage zu betreiben, den Wunsch, uns selbst zu zerstören. Somit haben wir Freude an der Verneinung dieser Konstruktion, die sich zum Teil ohne unser Wissen gebildet hat. Was in mir ist authentisch und persönlich, womit in mir bin ich einverstanden? Die Leidenschaft ist eine Feuerprobe, die uns brutal mit unserer eigenen Wahrheit konfrontiert. Bin ich nicht mehr wiederzuerkennen, weil mich die brennende Liebe entstellt hat? Oder weil die Maske gelüftet wird und preisgibt, wer ich wirklich bin? Warum stürzen wir uns in die Katastrophe, zu der uns bestimmte Liebesgeschichten zwangsläufig verdammen? Warum entscheiden wir uns dafür, uns zu verlieren?

Manchmal kommt es vor, dass wir schon zu Beginn einer Begegnung wissen, dass sie in einer Katastrophe münden wird. Wir ahnen, was verloren geht und zerstört wird, wenn wir dieser Leidenschaft erliegen, die in Wirklichkeit bereits von uns Besitz ergriffen hat. Doch das intensive Lebensgefühl, das sie verheißt, macht sie unwiderstehlich. Sie ist, nach einem schönen Ausdruck der Romanautorin Sarah Chiche, die widersprüchliche Erfahrung einer »zerstörerischen Freude«, eines Lebens, das durch die Freude am Verschwinden eines bestimmten Teils von uns selbst noch an Intensität gewinnt.

> »Unsere Blicke treffen sich. Mir kommt der Gedanke, mich sofort aus dem Fenster zu stürzen, um uns beiden die zerstörerische Freude der kommenden Jahre zu ersparen.«[7]

Die Leidenschaft ist eine unausweichliche Tatsache, der ich nur im klaren Bewusstsein dessen zustimmen kann, was von meinem früheren Leben auf dem Spiel steht. Doch eben weil dieses frühere Leben von nun an, im Lichte dieser Macht der Liebe, nur noch Selbstaufgabe bedeutet, nehmen wir es als das an, was uns für einen flüchtigen Moment zu retten scheint.

In dem Roman *Feuer* [*Feu*] von Maria Pourchet verliebt sich die vierzigjährige Universitätsprofessorin Laure in Clément, einen leitenden Angestellten über fünfzig, der im Finanzsektor arbeitet und in seinem Wolkenkratzer im Viertel La Défense sitzt. Sollte sie widerstehen, zu ihrem Platz in der Familie und ihrer Partnerschaft zurückkehren und »sich an die Griffe der Kochtöpfe klammern«? Muss man, so fragt sie sich, »dem Begehren widerstehen, tiefer zu sinken«?[8]

Wir glauben, wenn wir dem Begehren erliegen und uns von der Leidenschaft mitreißen lassen, dass wir dadurch tiefer sinken, wir meinen, dass es uns zerstört. Doch ist es nicht genau das, was wir uns heimlich wünschen? Schluss zu machen mit der Rolle, die wir spielen, mit der Anstrengung, wir selbst zu sein,[9] mit der Last eines Lebens, das uns nichts anderes mehr zu bieten hat, als dass wir alt werden? Wir sollten uns ans Familienleben klammern, an unsere Identität als Ehefrau und Mutter, sollten die Maschine in uns weiterlaufen lassen, die uns seit Jahren bei dieser undankbaren und monotonen emotionalen wie häuslichen Arbeit ersetzt. Doch müssen unsere Hände sich dazu wirklich hergeben? Unser Leben und unsere Körper wurden herabgewürdigt. Wir haben uns in dieses Leben einsperren lassen, das uns abnutzt und entstellt. Folgendes sagt Laure zu sich selbst:

> »Du würdest so gern damit aufhören, die Bestimmung deiner Hände zu missachten. Du würdest so gern nichts anderes tun als Umgarnen und Liebkosen, statt das Verbrechen an dir selbst noch einmal zu begehen.«[10]

Doch der Verrat ist unvermeidlich, und es bleibt nicht beim Konjunktiv. Wir verraten unsere Familienmitglieder, unsere Partner und Kinder, nur um dieses Verbrechen an uns selbst zu beenden.[11] Unser Körper verlangt, gehört zu werden, er fordert die Befriedigung all seiner sinnlichen und körperlichen Begierden. Denn es ist, wie die Schriftstellerin Amandine Dhée feststellt, »zu früh, um sich zu verankern«, man »muss sich treiben lassen«.[12] Weil sich das Gefühl des Mangels, »dieser unglaubliche Hunger, unmöglich in der Partnerschaft stillen« lässt. Wir können nur fortgehen und Verrat begehen. »Nahe von Haus und Kindern, schmeißen [wir] also, kaum dass ein paar Würfel gefallen sind, alles hin.«

Wenn wir uns von der Leidenschaft demütigen und entstellen lassen, so geschieht das mit unserer Zustimmung. Im Karussell der Leidenschaft wirbelt der Rausch unseren Deckmantel davon, löst die überflüssigen Krusten, mit denen die Zeit unsere Körper überlagert hat, und befreit uns von diesem Korsett. In dem Roman *Un amore* [frz. *Un amour*] von Dino Buzzati verliebt sich Antonio Dorigo, ein ehrbarer Mann über fünfzig, in Laïde, eine junge mailändische Prostituierte. Diese »lächerliche, unsinnige und ruinöse Geschichte«, diese lachhafte, »falsche und trügerische« Liebe verfolgt ihn pausenlos, und ihre Intensität überwiegt seine Einsicht in die Absurdität dieser unerwiderten Liebe:

> »Genau in diesem Augenblick verstand er, dass er vollkommen unglücklich war und es keine Möglichkeit gab, sich aus dieser Situation zu befreien; die ganze Sache erschien ihm absurd und idiotisch und doch so echt und intensiv, dass er sich nicht beruhigen konnte. [...] Er verspürte eine Art des inneren Feuers in seiner Brust, im Solarplexus, eine unbewegliche und schmerzhafte Anspannung seines ganzen Seins.«[13]

Es geht darum, in intensiver Weise zu sein, indem man sich von sich selbst, von seiner sozialen Rolle, seiner Kleidung, seiner gewohnten Art zu sein befreit. Im Rausch der Leidenschaft, in dem Antonio sich wie ein Kreisel bis zum Verlust seiner Konturen um sich selbst dreht, zählt nur noch die Intensität dieses Schwindelgefühls. Die Kreisbewegung ist absurd und verrückt, der Rausch lässt ihn jede Orientierung verlieren, das innere Brennen fühlt sich lebendiger an als je zuvor. Antonio verliert sich in diesem Wirbel der Leidenschaft, er ist nicht mehr wiederzuerkennen, die Macht des Gefühls, das er empfindet, legt ihn in Ketten. Am Ende wird ihn diese Leidenschaft in Stücke reißen, ihre unglaubliche Intensität wird ihn verbrennen.

»Er war ein Karussellpferd, und plötzlich hatte das Karussell begonnen sich zu drehen, wie verrückt schneller zu drehen und sie war es, die es in Gang gesetzt hatte, Laïde [...]. Und indem er sich so verrückt drehte, hatte er, das Pferd, seine Form als Pferd verloren und war nur noch ein schwingender, weißer Saum [...] er war nicht mehr er selbst, er war ein Mensch, den vorher niemand kannte [...], er hatte sich noch nie mit einem solchen Schwung gedreht, er hatte sich noch nie so lebendig gefühlt.«[14]

## Doppelleben

Manchmal führen wir zwei parallele Existenzen, in der Illusion, dass wir diese beiden Leben aufrechterhalten könnten, ohne dass sie sich in die Quere kommen. Wir brauchen bisweilen den Glauben daran, dass wir mit diesem Doppelleben dem Schicksal eines einzigen Daseins entkommen können. Wir vervielfältigen die Lagen einer vielschichtig gewordenen Existenz, wir gönnen uns eine andere Geschichte als die, die sich an der Oberfläche abspielt. Diese verborgenen Leben sind sowohl aufgrund ihres Geheimnisses als auch ihrer Realität kostbar für uns. Sie fächern die Welt auf, erfüllen sie mit unterschiedlichen Melodien und hallen, selbst wenn sie ganz leise sind, noch gewaltig darin wider. Sie vermitteln uns das Gefühl, wir könnten der Falle eines festgelegten und endgültigen Platzes entkommen, und bieten uns den Luxus, auf ganz unterschiedliche Weise zu existieren. Als gäbe es uns zweimal, in einer verdoppelten Gegenwart und zweifelsohne auch mit einem doppelten Genuss unserer selbst. Solange diese heimlichen Leben nicht von der inneren Zerrissenheit und der Schwierigkeit künden, wir selbst zu sein und uns in einer Identität einzurichten. Welche Angst, welcher Mangel treibt uns dazu, neue Lebensentwürfe zu entwickeln? Diese heimlichen Leben kitten die Momente unseres Lebens, die unvollendet, in der Schwebe geblieben sind. Manche Liebe nimmt sich unserer Kindheit an und lindert deren Schmerz für uns. Eine andere rettet uns aus einer gewalttätigen Jugend, in der wir feststeckten.[1] Sie versöhnt uns mit leidvollen Erfahrungen, löst alte Spannungen auf und ermöglicht es uns somit, den Faden einer Geschichte wieder aufzunehmen, oder gibt uns die Kraft, sie auf andere Weise zu erzählen.

Diese Veränderung durch die Liebe entpuppt sich als etwas, das unserem Innersten entspricht, ohne dass es uns näher bewusst war. Es handelt sich weniger um die Entdeckung einer inneren Andersheit als um ein tiefes Wiedererkennen, eine unbeschreibliche Vertrautheit. Sie spiegelt unsere inneren Dissonanzen wider. Dieser Ausbruch der Leidenschaft offenbart unsere verborgene Zerrissenheit. Das Unerhörte findet einen inneren Widerhall, bricht verkrustete Gewohnheiten auf und spürt die ursprüngliche Zerstreutheit auf, mit der wir in dieser Welt leben. Es harmoniert mit der Musik, die wir jenseits des Lärms und der eitlen Hektik intuitiv vernehmen. Die Psychoanalytikerin Anne Dufourmantelle stellt entsprechend in einer sehr schönen Passage ihres Buches fest:

> »Wenn wir gehen, kehren wir nicht als dieselbe Person zurück, und diese Entfremdung rüttelt, weil sie unsere innere Zerrissenheit widerspiegelt, unsere Gewohnheiten durch, denn wir nehmen die Welt mit bestimmten Voreinstellungen wahr, die beständig alles filtern, weil wir immer schon denken, wissen, vorwegnehmen, vorhersehen, vorausahnen, um nicht allzu plötzlich vom Unerhörten überrumpelt zu werden. So ist es auch mit der Liebe auf den ersten Blick. Sie wartet hinter der nächsten Straßenbiegung mit allen erdenklichen Veränderungen auf uns.«[2]

## Einen Platz in mir bereiten

Die Erfahrung, sich an einem geheimen Leben zu erfreuen, machen auch Frauen während einer unbeschwerten Schwangerschaft.[1] Erleben sie darin nicht auch eine doppelte Präsenz in zwei Welten zugleich, einer inneren und einer äußeren, mit je eigenen Ausdrucksformen, die entweder sichtbar und laut oder ertastbar und still sind? Wie verliebt, wie reflexartig wendet sich die schwangere Frau vom Spektakel der Realität ab, um intensiv auf dieses Flüstern des Körpers, diese kaum wahrnehmbaren Zeichen, dieses Beben eines werdenden Wesens zu achten, das ihr von nun an teurer ist als das, was sich eindrücklich unmittelbar vor ihren Augen abspielt? Die seelische Zuwendung zu diesem werdenden Kind, dem sich unsere Gedanken, Sorgen und Pläne widmen, kann bekanntlich sehr intensiv sein. Wir nehmen diese Bewegungen im Innersten unseres Körpers in einer Intimität wahr, die der übrigen Welt verborgen bleibt. Welche andere Erfahrung bietet schon eine solche zweite Präsenz? Diese innere Präsenz kann uns in unserer Freude derart in Beschlag nehmen, dass sie uns von der Außenwelt ablenkt und wir unablässig zu ihr zurückkehren. Mit den Händen, die die »werdende« Mutter (ist sie nicht bereits eine?) auf ihren Bauch legt, reagiert sie darauf, dass das Kind ihre Aufmerksamkeit beansprucht. Es handelt sich nicht um eine Projektion, eine mütterliche Phantasie oder eine verliebte Einbildung der Mutter in Bezug auf ihr Kind, sondern um eine fast unsichtbare Beziehung, die doch so intensiv sein kann, dass sie die sichtbaren Beziehungen verblassen lässt und von ihren privilegierten Plätzen verdrängt. Die schwangere Frau ist wie der Bergson'sche Künstler oder der ungeschickte Freund »abgelenkt«. Ihr Bewusstsein ist ganz und gar auf diese werdende Persönlichkeit in ihr gerichtet, in einem stillen Dialog, der bereits einsetzt, lange bevor das Kind zur Welt kommt.

Dessen Präsenz ist beinahe intimer, als ich mir selbst gegenwärtig bin, intimer auf jeden Fall, als es jede andere Präsenz je sein wird. Zweifelsohne ist es befremdlich, in diesem Zusammenhang den gleichen Wortlaut wie der heilige Augustinus in seinen *Bekenntnissen* zu verwenden, wenn er von der göttlichen Immanenz spricht. Doch erzählt er durchaus auch von einer Freude an der Erweiterung des Seins, von einem intensiven Gefühl der Präsenz.[2] Spüren wir nicht ebenfalls auf eine andere Art bei bestimmten Erfahrungen in der Schwangerschaft diese Weitung des Herzens, diese *dilatatio cordis*, diese intensivere Existenz, wenn wir mit einem Wesen in uns Kontakt aufnehmen?

## Der Raum im Inneren

»Wenn wir das Grundgefühl der anderen kennen würden, würden wir uns immer mit ihnen wohlfühlen. Sie halten sich tatsächlich vorzugsweise in bestimmten Teilen ihres Seins auf und bewohnen nicht auf gleiche Art und Weise ihren ganzen Körper, sondern nur einige bevorzugte Plätze und Positionen.«

Henri Michaux, *Eckpfosten* [*Poteaux d'angle*]

Doch ich selbst, bin ich nur in meinem eigenen Innenleben, in meinem eigenen Körper, am richtigen Platz? Wo bin ich letztlich »zu Hause«? In *Eckpfosten* [*Poteaux d'angle*] analysiert Henri Michaux, welche »Plätze« wir in uns einnehmen. An welchem Ort bin ich? In meinem Kopf, in meinen Beinen, in meinem Bauch? In welchem Zustand der Erregung, der Sehnsucht, der Müdigkeit oder Langeweile befinde ich mich? Es gibt zweifelsohne einen »Innenraum«, in dem ich mich aufhalte, der »mein Grundgefühl« ausmacht wie eine emotionale Basis meines gewöhnlichen Seins. Jenes innere Gefühl wäre meine seelische Form oder Gestalt, wenn man so sagen darf. Jeder von uns hält sich in einem solchen Bereich seines Seins auf, ohne dass man diesen von außen erkennen könnte. Wie soll ich einen Menschen ansprechen, der sich in seinen Händen aufhält, während ich mich in meinen Augen befinde? Er erschließt sich die Welt tastend, während ich mich ihr auf Distanz nähere. Unsere sinnlichen Orientierungen, unsere gefühlsmäßigen Neigungen sind ebenso sehr körperliche Angewohnheiten wie Weisen, uns auf die Welt zu beziehen, und Feuer, die mehr oder minder intensiv leuchten. Unser Sein wird auf vielfältige Weise durch Empfindlichkeiten, Verletzungen und Lust aufgeladen, die uns an sehr unterschiedliche intime Orte führen. Der Schmerz treibt mich vom Kopf in die Füße, ich kann nicht mehr denken, bin gefangen in dieser Verrenkung. Der körperliche oder seelische Schmerz vertreibt mich von dem inneren Platz, an dem ich mich für gewöhnlich aufhalte. Er krümmt, verbiegt, verzerrt meine innere Struktur.

Es gibt in meinem Innenraum weiße Flecken, die ich nicht bewohne, unerforschte Bereiche, so wie es ungenutzte Muskeln oder Organe gibt, deren genauen Sitz ich nicht kenne. Bestimmte emotionale Erlebnisse bleiben mir für immer fremd; Formen des Zorns oder der Begeisterung, des Stolzes oder des Ehrgeizes bleiben für mich abstrakt. Was kann ich von jemandem verstehen, der von diesen Gefühlen beherrscht oder verfolgt wird? Was kann ich über den unsichtbaren Ort wissen, an dem sich die Person aufhält, an die ich mich wende? Der andere ist vielleicht dazu verdammt, für mich die »rätselhafte Person von gegenüber«[1] zu bleiben, die diese Distanz von mir trennt. Ich könnte mich somit niemals wirklich in jemand anderes hineinversetzen, selbst wenn er mir nahesteht. Welche Empathie, welches Mitgefühl kann ich tatsächlich empfinden?

Wenn ich wüsste, wo sich der andere befindet, in welchem Palast der Seele oder in welchem dunklen Bauch, wenn ich Zugang zu diesem »Platz« hätte, der seiner ist, zu seinem inneren Zustand, könnte ich mich vielleicht auf seine innere Stimmung einstellen und mich mit Worten an ihn richten, die bei ihm Anklang finden. Doch meine Worte verhallen in der Leere eines verlassenen Ortes, an dem ich vermeine, ihn erreichen zu können, den er aber gar nicht bewohnt. Ich halte ihn für traurig, doch er ist wütend, ich halte ihn für verliebt, aber er hat sich schon wieder von der Person gelöst; ich unterstelle ihm vage Gefühle, die ich nur aufgrund meiner eigenen Erfahrung bei ihm zu erkennen glaube. Ich projiziere immer nur Affekte auf ihn, die mir vertraut sind und die ich mit der Situation verbinde, die er durchmacht. Doch wenn ich spreche, befinde ich mich immer schon an einem bestimmten Platz. Ich erlange nie jemals wirklich Zugang zu seiner inneren Landschaft, und selbst der Mensch, der mir am nächsten steht, bleibt ein Rätsel, eine Frage, eine Überraschung. Er kann mich genauso lieben wie betrügen. Die Person, die uns am nächsten steht, ist im Übrigen nicht unbedingt diejenige, der wir glauben. Die Art und Weise, wie sich die Plätze, die von den einen oder anderen im Inneren eingenommen werden, aneinander anpassen, die Art, wie sich die Melodien angleichen, geht nicht unbedingt auf die Orte zurück, die wir tatsächlich äußerlich im Raum oder in der Gesellschaft einnehmen.

Müssen wir somit aufgeben, den anderen je zu verstehen? Bleiben wir für immer außerhalb des inneren Raums, den er einnimmt? Michaux beantwortet mit seinem Werk selbst die Frage, die er aufwirft. Obgleich einige Philosophen behaupten, dass ein inneres Erlebnis nicht kommuniziert werden könne, und obgleich auch Michaux selbst diesen möglichen Zugang zum »Platz« des anderen bezweifelt, bewirken seine Gedichte in uns diesen Positionswechsel der Gefühle.

Durch die überzogenen Bilder, die er verwendet, die lexikalischen Kollisionen, das gewaltsame Vokabular versetzt uns Michaux brutal an die Stelle der Person, die leidet. Die Macht des Gedichts ebenso wie die des Romans oder Films besteht genau darin: uns durch subtile Verschiebungen oder mit einem Schlag an einen Platz zu versetzen, den wir nie zuvor eingenommen haben und der uns doch im Verlauf der Lektüre eines Buches oder einer Filmvorführung vertraut erscheinen wird. Die Macht des Werks liegt genau darin, dass es uns bewegt, dass wir aus uns selbst herausgehen, bis wir empfindsam und offen für andere Leben und andere Plätze als unsere eigenen werden. Michaux verweist zwar auf den »persönlichen Besitz« dieser inneren Bleibe, die bei jedem so besonders sei, dass kein anderer sie kennen, auch nur erahnen oder noch weniger spüren könne.[2] Doch die Rezeption seines Werkes scheint ihm eher zu widersprechen. Wir erhalten ja durch seine Poesie einen gewissen Zugang zu den geheimen Eigenschaften der anderen.

Bin ich in der Lage, mich auf dieser inneren Gefühlslandkarte zu verorten? Ist mein Platz nicht genauso unsicher und verändert sich bei jeder Begegnung, je nachdem, von wo der Wind weht, je nach Stimmungsschwankung? Wir haben von unserem eigenen Platz nur eine vage Vorstellung. Mein Platz, mein inneres Fundament, ist ein sich veränderndes Zentrum, eine Gewohnheit des Seins, die im Ausmaß ihrer Variationen dennoch konstant, in ihren Abweichungen geordnet bleibt. Diese Grundgestimmtheit des Seins mag melancholisch sein oder unbekümmert, gequält oder zuversichtlich. Sie stellt einen Umkehr- und Ankunftspunkt zugleich dar:

> »Ihr Zentrum, dieses vage, sich verändernde Fundament mit seinen Gewohnheiten, seinen Phasen und Unregelmäßigkeiten, die es beinahe persönlich machen. Der Ort,

an den sie sich zurückziehen. Der Ort, von dem aus sie wieder aufbrechen, um in alle Richtungen auszustrahlen, ein bewegliches Zentrum, das sich kaum merklich oder ganz allmählich verschiebt.«[3]

Er besteht aus meinen Besitztümern, »dieser vage, aber starke Bereich, diese für jeden sehr spezifische Bleibe«, mein vertrautes Terrain, auf dem ich mich zurecht- und wiederfinde.[4] Dieser unbestimmte und vage Platz bleibt beharrlich der meine. Ich kann ihn nicht mit einem anderen verwechseln, ohne mich selbst mit jemand anderem zu verwechseln, wie Michaux betont. Es gibt einmal mehr nur das Begehren, das mich abrupt von ihm vertreibt, mich auf Reisen um die Welt entführt, auf denen ich nichts verstehe, und das mich schließlich vollkommen verloren zurücklässt:

> »Doch da kommt eine Frau von außerhalb; und da sie mich mit unzähligen, doch so nahe gelegenen Freuden anspricht [...] und mich auf sehr, sehr viele Reisen um die Welt entführt [...], bin ich entsprechend alsbald ausgelaugt von all den Reisen, auf denen ich nichts verstehe und von denen nichts als ein Duft bleibt, und so rette ich mich vor ihr, verfluche einmal mehr die Frauen und beweine, völlig verloren auf dieser Welt, meine Besitztümer.«[5]

# Seinen Körper bewohnen

»Wo ist es nur, unser Leben?
Wo ist unser Körper?
Wo ist unser Raum?«

Georges Perec, *Warum gibt es keine Zigaretten beim Gemüsehändler?* [*L'infra-ordinaire*]

Ich betrachte die klar umrissenen und deutlichen Körper der anderen mit ihren wohldefinierten Konturen. Mein Körper kommt mir dagegen unscharf vor. Ohne klare Linienführung oder eindeutig festgelegte Grenzen, stattdessen weiche Haut, ein unentschlossener Körper, der sich träge den Kurven der Kleidung fügt, in denen er steckt, als hätte er, dieser Körper, auf jede Bestätigung, auf jeden Anspruch darauf verzichtet, präsent zu sein. Als hätte er die Form aufgegeben und würde sich damit begnügen, nur noch Fleisch oder Masse zu sein. Als wäre er lediglich Materie ohne jede Spannung und hervorstechende Eigenschaften, ohne Identitätsmerkmale. Als wäre er nichts weiter als Gewicht, Schwere, Last, die ich nur mit Mühe ›in der ersten Person‹ bewohnen bzw. leben kann. Ich ertrage diesen Körper nicht mehr.

Wer spricht da? Eine Person, die sich in ihrem Körper, weil er krank ist, altert oder sich falsch anfühlt, nicht oder nicht mehr wiedererkennt; eine Person, die ihn nur mit Mühe erträgt, wie einen Zwang, mit einem Gefühl des Befremdens, der Wut oder des Schmerzes. Diesen Körper würde ich manchmal gern loswerden wie ein altes Wrack, ich träume davon, mich zu häuten, träume von einer tierischen Metamorphose. Ich träume davon, als jemand ganz anderes zu erwachen, dieser Hülle entledigt, die nichts über mich aussagt, die mich im Stich lässt und mich beherrscht. Ich möchte mich von diesem Körper befreien, der mich entstellt. Sich fehl am Platz zu fühlen bedeutet auch und vielleicht vor allem, sich nicht wohl in seiner Haut zu fühlen. Sein Aussehen zu hassen, den Körper besorgt auf jede kleinste Veränderung hin abzusuchen, ob man nun dreizehn Jahre alt ist oder fünfzig. Wie ertragen wir es, fragt sich Michel Foucault, uns gegenüberzustehen, wenn uns unser eigenes Erscheinungsbild wie ein spöttischer Narziss zu erniedrigen scheint:

> »[J]eden Morgen dieselbe Erscheinung, dieselbe Verletzung. Vor meinen Augen zeichnet sich unausweichlich das Bild ab, das der Spiegel mir aufzwingt: mageres Gesicht, gebeugte Schultern, kurzsichtiger Blick, keine Haare mehr, wirklich nicht schön. Und in dieser hässlichen Schale meines Kopfes, in diesem Käfig, den ich nicht mag, muss ich mich nun zeigen. Durch dieses Gitter muss ich reden, blicken und mich ansehen lassen. In dieser Haut muss ich dahinvegetieren.«[1]

Wie sollen wir uns an eine Hülle gewöhnen, die wir so hässlich finden? Manchmal habe ich das Gefühl, nicht im richtigen Körper zu stecken, nicht in dem, der meine wahre Identität zum Ausdruck bringen würde. Ich leide unter meinem Körper wie unter einem schlechtsitzenden, falschen Kleidungsstück, das an mir herunterhängt wie eine lächerliche Verkleidung. Diesen Körper, für den ich mich nur noch schäme, der unbeholfen und schwerfällig ist oder leidet, würde ich gern neu zeichnen, neu formen, abschleifen.

> »Er dehnt die Oberfläche seines Körpers aus, um sich wiederzufinden.
> Er verleugnet seine eigene Präsenz, um sich wiederzufinden.«[2]

Ich würde mich gern dieser unförmigen Masse bemächtigen und sie wieder in den Griff bekommen, ich würde sie gern einnehmen, um nicht mehr ihre Gefangene zu sein. Ich wollte, dass dieser Körper, statt mich zu entstellen, zum Ausdruck bringt, wer ich in mir, in meinem Inneren, bin. Ich würde gern den Körper tauschen, ich träume davon, mich aus ihm herauszulösen.

> »Ich habe das Gehäuse geknackt
> einfach verlasse ich die Carcel-Lampe meines Körpers.«[3]

Dieser Körper laugt mich aus. Ich quäle mich damit ab, ihm eine Form zu geben, die wie eine Sandburg in sich zusammenstürzt. Ich kann meinen Körper so, wie er ist (denn man muss die Hässlichkeit, Müdigkeit, die Krankheit, die Behinderung, die stigmatisierenden Unterschiede verstecken), oder so, wie ich ihn gerne hätte (weniger weiblich, weniger männlich, weniger genderspezifisch, weniger von den Prüfungen des Lebens gezeichnet), nicht leben; ich versuche unablässig, mich den Stereotypen, den Idealen oder der schlichten »Normalität« anzupassen.

Wir würden uns gern der Normen entledigen, die uns von unseren Angehörigen oder der Gesellschaft auferlegt werden, die wie eine Zwangsjacke meinen Körper einschnüren. Michaux drückt sehr schön dieses Gefühl aus, an einen herrischen Körper gebunden zu sein, ebenso wie das Bedürfnis, diese Form abzuschütteln, um sich endgültig von ihr zu befreien.

> »Eines Tages werde ich den Anker herausreißen, der mein Schiff von den Meeren fernhält.
> […] Ich werde die Gestalt, die man so fest mit meinem Umfeld und meinen Mitmenschen verknüpft und auf sie hin zusammengestellt und abgestimmt wähnte, weit fort von mir werfen.«[4]

Wir wünschen uns also die Katastrophe, das radikale Umkippen, das uns, ganz bei uns selbst, mit der nackten Wahrheit von vorn anfangen lässt. »Reduziert auf die Demut der Katastrophe«, wie Michaux es ausdrückt, werden wir darauf hoffen dürfen, diesen Körper auf andere Weise zu leben.

Doch mein Körper ist Foucault zufolge eine »gnadenlose Topie«.[5] Dieses »Stück Raum« ist mir für immer zugewiesen.[6] »Mein Körper«, so schreibt er, »ist der Ort, von dem es kein Entrinnen gibt, an den ich verdammt bin.«[7] Man würde ihn gern loswerden, nur eben: »Ich kann mich nicht ohne ihn fortbewegen. Ich kann ihn nicht dort zurücklassen, wo er ist, und selbst an einen anderen Ort gehen. Ich könnte bis ans Ende der Welt laufen, ich könnte mich morgens unter der Decke verkriechen, ich könnte mich so klein machen, wie ich wollte, ich könnte mich an den Strand legen und in der Sonne schmelzen, er wäre immer dort, wo ich bin. Er ist ganz unausweichlich immer hier und niemals anderswo.«[8]

Wie kann ich aus diesem »Käfig« entkommen, der mich daran hindert, ich selbst zu sein? Was kann ich tun, wenn ich mich nicht in meinem Körper »zu Hause« fühle und sogar bisweilen versucht bin, ihn auszulöschen, zugrunde zu richten, ihn zu verlassen?[9] Wie kann ich mein äußerliches Erscheinungsbild und mein Identitätsgefühl miteinander zur Deckung bringen? Einige versuchen, ihren Körper durch Kleidung, Sport, Chirurgie, Hormonbehandlungen so umzuformen, dass Inneres und Äußeres schließlich auf einer Linie sind. Manchmal reicht es aus, sich die Haare zu schneiden, sich neue Kleider anzuziehen, um verschwinden zu lassen, was einem zu viel erschien. Man entfernt die überflüssigen Hülsen, um eine neue Identität zu offenbaren, die doch im Innersten schon seit langer Zeit präsent war. Manchmal wird dieser Körper, der in seiner Weiblichkeit so unbeholfen war, behände, sobald er an einen männlichen angeglichen und von seinen Fesseln befreit wurde. Als würde der weibliche, nicht passende, beengte Körper ihn linkisch machen, so wie ein zu kleiner oder zu großer Anzug mich leicht lächerlich oder plump aussehen lässt.

Ich kann mich auch meines Körpers wieder bemächtigen wollen, wenn er zu einem echten Schlachtfeld geworden ist, auf dem andere Wünsche oder Pläne als meine eigenen vorherrschen.[10] Das Verhältnis zu unserem Körper wird allzu oft durch den Blick oder den Diskurs von Individuen vermittelt, die ihn nicht jeden Tag erleben. Durch die rücksichtslosen sexuellen Begierden anderer oder die Autorität tendenziöser wissenschaftlicher Diskurse fühlen sich einige von uns sehr früh ihrer eigenen Körpererfahrung beraubt. Mein Körper ist nicht mehr mein Territorium, sondern gewissermaßen besetztes Gebiet. Ich spalte mich daher von ihm ab und verinnerliche einen Diskurs, der einen Körper produziert, in dem ich mich nicht mehr wiedererkenne. Diese künstlich erzeugten Körper, seien sie nun von wissenschaftlichen Behauptungen, rassistischen oder sexistischen Vorurteilen oder sexuellen Phantasien durchzogen, mischen sich ein und trüben die Selbstwahrnehmung der Menschen. Es geht also darum, ein Verhältnis zu uns selbst zu entwickeln, das nicht mehr von äußeren Interpretationen verfälscht wird, uns einen Zugang ›in der ersten Person‹ zu unserem eigenen Körper zu verschaffen, indem wir der- oder diejenige sind, die über das Erlebte spricht.

## Hier

Der Körper ist zunächst ein »Hier«, ein kontingenter, zufälliger Ort, an dem ich feststecke. Wie Foucault erklärte, ist es unmöglich, ihn zu verlassen, mein Körper ist der »absolute Ort« ohne mögliches Anderswo. Er bedingt dieses Anderswo, denn »ich kann mich nicht ohne ihn fortbewegen«, doch er bleibt der Ursprungsort, den ich nicht verlassen kann. Die Umstände und der Zufall haben ihn zu dem meinen gemacht. Er ist meine Situation, mit all der Willkür, die damit einhergeht, all der Unzufriedenheit, die man verspüren kann, wenn man weiß, dass man derart identifiziert und auf ihn reduziert wird. Dieses »Hier« des Körpers drückt die Willkür dieses Platzes aus, die Zufälligkeit meines Aussehens. Es ist dieser Körper hier, aber er hätte auch ganz anders sein können. Mag er auch ursprünglich kontingent sein, so ist er doch endgültig und bestimmt mich. Ich entkomme ihm nicht. Ich bin an ihn gefesselt. Er ist »niemals unter einem anderen Himmel«.

Dieses erste und zwingende »unausweichliche Hier« des Körpers weckt die Sehnsucht nach einer Utopie, die Lust auf andere Orte. Es nährt die Träume von leichten, unsichtbaren, unsterblichen Hüllen. Doch Foucault führt uns zu einem ganz anderen Verständnis dieses »Hier« zurück. Denn dieses »Hier« ist ebenso zeitlich wie räumlich zu verstehen. »Hier« ist auch ein Adverb der Zeit. Dass ich meine Präsenz spüre, dass ich vollkommen im Augenblick lebe, liegt an meiner Leiblichkeit. Indem das Bewusstsein durch den Leib gefangen ist, indem der Körper vom Begehren, der Liebe, der Sexualität erfasst und wieder vereint wird, wandelt sich das Individuum. Ich existiere mit »meiner ganzen Komplexität«, ich erlange eine »Gewissheit«. Der Zugang zu mir in meiner ganzen Tiefe und Intensität, zum selbstbewussten Sein, wird mir durch die liebende Präsenz einer anderen Person, ihre von intensiver Aufmerksamkeit zeugende Berührung eröffnet:

> »Vielleicht sollte man auch sagen, in der Liebe spürt man, wie der Körper sich in sich selbst schließt. Unter den Händen des anderen existiert er endlich jenseits aller Utopie,

> in seiner ganzen Dichte. Unter den Fingern des anderen, die über den Körper gleiten, beginnen alle unsichtbaren Teile des Körpers zu existieren. An den Lippen des anderen werden die eigenen Lippen spürbar. Vor seinen halb geschlossenen Augen erlangt das eigene Gesicht Gewissheit. Endlich ist da ein Blick, der die geschlossenen Lider zu sehen vermag. [...] Die Liebe [besänftigt] die Utopie des Körpers, lässt sie verstummen, beruhigt sie, sperrt sie gleichsam in einen Kasten, den sie verschließt und versiegelt. [...] Und wenn wir [...] so gerne einander lieben, so weil in der Liebe der Körper hier ist.«[1]

So bin ich an meinem Platz, wenn ich »hier« bin, gegenwärtig und präsent. In der Liebe oder in der Sexualität. Wenn ich aufhöre, meiner eigenen Realität an diesem Ort, in diesem Augenblick, durch die Gedanken, die Erinnerung oder den Schmerz zu entkommen. Entsprechend würde sich das Bei-sich-Sein gerade in dem Akt vollziehen, der häufig als Inbegriff der Ablenkung und Unterhaltung gilt. Oft wurde behauptet, dass man sich in der körperlichen Liebe selbst vergesse. Demnach würde ich versuchen, in ihr zu verschwinden, in dem archaischen Begehren, mich aufzulösen und mit dem anderen zu verschmelzen.[2] Doch ganz im Gegenteil, sagt Foucault, finde ich mich endlich wieder, ziehe mich gleichzeitig in mich selbst zurück, in eine glückliche Rückkehr zu mir selbst, in ein Zusammentreffen. Mein Körper verschließt sich in sich selbst, ist eins mit sich, wird wieder zu einem Platz. Er hört auf, mir zu entgleiten, er kapselt sich zu einer geschlossenen, vollständigen, komplexen Einheit ab, dank der intensiven Liebe, dank der Hände des anderen, die ihm eine Form, eine Identität und ein Leben geben oder zurückgeben.

Wie die Psychoanalytikerin und Romanschriftstellerin Sarah Chiche sehr treffend feststellt, umfasst mich der Körper des Liebenden und setzt mich durch dieses *holding* neu zusammen, vereint mich wieder mit mir selbst, versöhnt mich sogar vielleicht mit mir. Es braucht dieses Reiben der Haut aneinander, diese einander bedeckenden Körper, um darin wieder heimisch zu werden, in einer intensiven doppelten Präsenz bei sich und dem anderen:

> »Er bedeckt mich vollkommen, von der Haarwurzel bis zu den Zehenspitzen, seine Beine liegen auf meinen Beinen, sein Bauch auf meinem Rücken, seine Arme auf meinen Armen. [...] In seinen Händen, durch seine Liebe, in seinem Blick, in dem er mich erträumt und mich vollkommen hält, füge ich mich endlich neu zusammen.«[3]

Es sind auch diese Berührungen, die uns am Leben halten, wenn es am seidenen Faden hängt, wenn die Existenz unsicher und alles so prekär ist, zu Beginn eines winzigen Lebens oder in seiner Erschöpfung ganz am Ende. Es ist diese Berührung zwischen den Körpern, die Wärme, die übertragen wird, das Echo des pochenden Herzens, der intensive Hautkontakt, die das Frühchen in seinen Anstrengungen zu leben unterstützen. Die Berührung tröstet auch den Menschen, der im Sterben liegt und dessen Hand ich halte. Zu Beginn oder am Ende dieser zerbrechlichen Leben, in dieser Unschlüssigkeit des Seins, ist die »Haut gefordert, zu reagieren«.[4]

Der Körper des anderen umarmt mich, umhüllt mich, ist wie eine zweite Haut, die mich wieder zu einer Einheit formt. Ich spüre niemals stärker die Realität meines Körpers, als wenn ein Mann sich in seiner vollen Länge auf mich legt oder ein Kind sich an meine Brust schmiegt, selbst wenn es nur einige hundert Gramm wiegt. Unsere Häute wärmen einander, diese Berührung belebt uns beide. Vielleicht ist es ein Wesensmerkmal der Sexualität, vielleicht handelt es sich um Liebe oder um die Macht des Austauschs zwischen den Leibern oder der Epidermis, um ihre Energie. Vielleicht geht es auch bereits um die einfache Fähigkeit einer Hand, die auf eine Schulter gelegt wird, die ein Gesicht streichelt oder eine andere Hand festhält; die Fähigkeit, zu beruhigen, eine Person zu besänftigen, die an innerer Zerrissenheit, an der Unsicherheit des eigenen Seins leidet.

Hier oder anderswo, wo also ist mein Platz? Wir fühlen uns dank der liebevollen Gesten zweifelsohne in der Liebe am richtigen Platz. Dank dieser Empfindung einer inneren Wärme, dank der Intensität dieser Präsenz bei sich und dem anderen, die uns durchwirkt, dank dieser Evidenz unserer Berechtigung, unserer Notwendigkeit, diesen Platz einzunehmen. Dieser Platz ist genau meiner, genau dort muss ich sein, meine Existenz und meine Präsenz hier haben einen einzigartigen Sinn. In der Liebe bin ich unersetzlich. Bei einem kranken Elternteil, bei einem zu früh geborenen Kind, bei der Person, die ich liebe, gleich welche Form diese Liebe annehmen und welcher Art die Beziehung auch immer sein mag, in der sie sich verkörpert und ausbuchstabiert.

## Familienquartett

Wo befinde ich mich auf dem Familienfoto? Wem ähnelt mein Familienstammbaum? Wo ist mein Platz in diesem großen Puzzle der familiären Verzweigungen? Wer verbirgt sich in der letzten Matrjoschka? Nie wurde so viel über Familiengeschichten und ihre Auswirkungen nachgedacht wie seit dem 20. Jahrhundert. Die autobiographischen Erzählungen, Familienromane und die Verfolgung von Familiengeheimnissen haben sich vervielfacht; in der Literatur ebenso wie in verschiedenen Zweigen der Psychologie und Psychoanalyse scheint die familiäre Zugehörigkeit eine notwendige Durchgangsstation für die Selbstreflexion darzustellen. Doch wenn man, wie es so schön heißt, sich seine Eltern beziehungsweise »seine Familie nicht aussuchen kann«, muss man ihnen dann trotzdem die unwiderstehliche Macht zuschreiben, uns zu bestimmen? Entscheidet wirklich das, was meine Ahnen erlebt haben, über den Platz, der mir zufällt, über die emotionale Grundstimmung meines Lebens, über meine charakterlichen Gewohnheiten und die Fallstricke meiner Existenz? Sind es die Reihenfolge, in der wir geboren werden, die seelische Zerbrechlichkeit meines Vaters oder die tragische Existenz meiner Mutter, die mich psychologisch gesehen bestimmen? Man könnte im Gegenteil mit Gilles Deleuze und Félix Guattari behaupten, dass wir dem kleinen Familientheater und der bisweilen kurzsichtigen Lesart unserer Geschichte, über der wir die gewaltige Anziehungskraft ferner und offener Horizonte völlig zu vergessen scheinen, durchaus entkommen können. Dass wir die Möglichkeit haben, in die Ferne zu schauen, statt in verstaubten Schränken herumzuwühlen, nach dem Platz des anderen in unserer Geschichte zu suchen, statt uns über das Vertraute und die Wiederholung zu definieren. Einen anderen Blickwinkel einzunehmen, den Refrain zu verändern. Die Karten zu mischen und uns das Spiel der Einflüsse und Verwandtschaften anders vorzustellen. Weshalb sollten wir nicht auch unsere Zugehörigkeiten selbst wählen können?

Wir halten uns für Gefangene unserer Herkunft, unserer Familiengeschichte. Zweifelsohne ist unser Erbe bisweilen so bedrückend, dass es schwer auf unseren Schultern lastet. Es geht nicht darum, es zu verleugnen. Doch wir stammen von *zwei* Familien ab, ob sie nun bekannt oder unbekannt, real oder imaginiert sind. Und wenn wir stets im Kopf an unserer

Geschichte schreiben, indem wir uns mit den Erzählungen aus der Vergangenheit auseinandersetzen, gibt es vielleicht einen größeren Freiraum, als wir glauben. Inwieweit stimmt es überhaupt, dass unsere Vorfahren uns bestimmen? Natürlich gibt es tragische Familiengeschichten, die uns zutiefst prägen. Doch glaubt man der Romanschriftstellerin Lydia Flem, können wir unsere doppelte Herkunft auch anders betrachten:

> »Es ist ein großes Glück, zwei Eltern zu haben, mit einem doppelten Stammbaum geboren zu werden. Von einer Generation zur nächsten, zwischen Wiederholungen und Brüchen, können andere Motive Gestalt annehmen, neue Kombinationen auf den Plan treten. Die Karten werden neu verteilt. Das Spiel ist noch nicht vorbei. Etwas Ungehöriges, Impertinentes, ist jedem und jeder zu eigen. Etwas Ballast. Ein anderer Blick auf die Dinge. Man kann den Familienmythos verändern. Seinen Senf dazugeben. Abstand gewinnen. Den Blickwinkel ändern.«[1]

Sich in zwei Stammbäume einzuschreiben bedeutet, dass wir bereits über zwei Arten, uns unsere Geschichte vorzustellen, verfügen. Doch vor allem macht es uns klar, dass es unterschiedliche Möglichkeiten gibt, sie zu erzählen und zu leben. Es gibt nicht nur einen einzigen Weg. Das Verhältnis zur Vergangenheit wäre demnach wie eine freie Komposition, eine zufällige Kombination, deren Bausteine man neu gestalten kann, so wie man mit denselben Karten verschiedene Spiele nach unterschiedlichen Regeln spielen kann. Unsere Geschichte ist nicht der monolithische Block einer einzigen Wahrheit, die Spur eines einzigen Weges. Die Impertinenz, die Ungehörigkeit, von der Lydia Flem berichtet, diese Freiheit, die sich jeder gönnen kann, liegt in dieser freiwilligen Abweichung: nicht ganz den Erwartungen entsprechen, Seitenstraßen nehmen, das Erbe ausschlagen.

Vielleicht sollten wir noch einen Augenblick beim Begriff der Impertinenz verweilen. Pertinenz bedeutet im etymologischen Sinn das, was zu mir gehört, was mich umschließt. Impertinenz bedeutet demnach, aus dem Kreis, den man um mich ziehen konnte, auszubrechen, mich anderweitig umzuschauen, es zu wagen, mich in Dinge einzumischen, die mich nichts angehen, mich nicht um Traditionen zu scheren.

Einige werden es Verrat nennen, wiederum andere werden enttäuscht sein. Vielleicht ist das die unvermeidliche Folge dessen, dass jeder von uns stets auf seine eigene Weise diese Neuverteilung der Karten, dieses Dazwischensein interpretiert, das uns auszeichnet, insofern wir zwischen zwei uns inbegriffenen oder schlecht angeeigneten Geschichten stehen. Geboren werden heißt, bereits zwischen Abstammungen, Verästelungen und Verzweigungen gefangen zu sein. Größer werden bedeutet, zusammengewürfelte Bausteine, die aus unterschiedlichen Geschichten hervorgegangen sind, zusammenzusetzen, miteinander zu verbinden; es bedeutet, in diesem fragilen Gleichgewicht einen Platz für uns zu schaffen, der zuvor noch nicht existierte. Das Kind, das nach und nach die Misstöne in diesen unterschiedlichen Lebensweisen wahrnimmt, versucht, sie miteinander zu versöhnen, oder lernt, mit ihnen zu spielen.

Die Impertinenz besteht somit darin, sich anders zu konjugieren. Sich mit einem Motiv dieser Familiengeschichten zu befassen und es auf eigene Art und Weise zu deklinieren. Eher Hinweise sehen als Wege, den Entwurf für eine Bewegung erkennen und selbst entfalten; umsetzen, was in der Schwebe geblieben ist.

»Meine Mutter und meine Großmutter stehen für mich in einer Linie von Frauen, die ›freiwillig im Hintergrund ge-

> blieben sind‹. Sie hatten durchaus erhebliches Potential für Autonomie und Unabhängigkeit, aber sie blieben im Schatten.«[2]

Diese freie Frau zu werden, die in der Geschichte ihrer Ahninnen wie ein unmöglicher Traum zum Vorschein kommt. Diese Kühnheit aufzugreifen, eine andere Vorstellung von sich zu entwickeln und sie umzusetzen. Können wir nicht teilweise selbst aussuchen, was wir erben?

Nicht immer habe ich freilich diesen Luxus, selbst zu wählen, wie ich mich in eine Familiengeschichte einschreibe, ich kann nicht immer die Bezugspersonen selbst wählen. Manchmal stürzen schmerzhafte Geheimnisse aus der Vergangenheit auf mich ein wie ein altes verfallenes Haus, wie ein Fluch. Doch in weniger tragischen Fällen kann ich mich auch auf meine Familiengeschichten beziehen als ein Bündel von Möglichkeiten und Erfahrungen des Daseins, kann von diesen Geschichten zehren und das für mich verwenden, was aus meiner Sicht sinnvoll ist. Ich kann ins Licht rücken, was zuvor im Schatten blieb: Ich kann die Unabhängigkeit, die die Frauen der vorangegangenen Generationen nicht erleben durften, wahrnehmen, kann die künstlerische Laufbahn wagen, die meiner Mutter versagt blieb. Kann das Risiko auf mich nehmen, das vorangegangenen Generationen undenkbar, unvorstellbar schien. So finden wir unseren Platz in einer Familiengeschichte, indem wir den kleinen Schritt zur Seite machen, der uns vom Weg unserer Vorfahren abweichen lässt. Unsere Ahnen hätten uns somit, ohne sich dessen bewusst zu sein, bereits den Weg geebnet. Vielleicht haben sie unmerklich unseren Pfad verändert, indem sie dezent auf Breschen hinwiesen, in die wir uns nun hineinzuschlagen wagen. Einige Laufbahnen würden somit durchaus bereits im Leben vorangegangener Generationen beginnen, in deren Hoffnungen und Sehnsüchten. Wir verwirklichen, ohne es zwangsläufig zu wissen, die Träume anderer Leben, die unserem eigenen vorausgegangen sind.

## Den Ast absägen

Man kann auch, wie etwa François Noudelmann, weiter gehen und behaupten, dass wir aus dem »genealogischen Paradigma«[1] ausbrechen müssen. In einem kurzen und anregenden Werk mit dem Titel *Hors de moi* (›Außerhalb von mir‹) warnt der Philosoph vor der heutigen Besessenheit von Kontinuität und vor der Logik einer tief verwurzelten Identität. Zu oft lassen wir uns von der »Gespensterprozession« mitreißen, wir schließen uns in einer Geschichte ein, die nicht unsere ist, sondern die unserer Vorfahren, um ohne langes Suchen einen Sinn zu finden. Diese Haltung mag von einer gewissen Faulheit beziehungsweise, aus Noudelmanns Sicht, von einer Schamlosigkeit zeugen (er selbst würde es nicht wagen, sich als ›Sohn Überlebender‹ zu bezeichnen), doch betont er vor allem die Gewalttätigkeit dieser Zuschreibung, sobald sie von außen kommt, sobald man sich systematisch auf die Herkunft seines Namens, die Geschichte seiner noch so entfernten Vorfahren zurückverwiesen sieht, als würden diese das eigene Verhalten, die eigenen Entscheidungen erklären. Welche Berechtigung gibt es für diese genealogische Logik, die die sozialen, politischen und psychologischen Bereiche infiziert? Wie, so fragt sich Noudelmann, kann man »diesem genealogischen Gebot widerstehen«?

> »Welchen Platz sollen wir jenen geben, die dort keinen haben, jenen, die sich nicht darin wiederfinden? Sicherlich muss man sich fortbewegen, vor allem von sich selbst?«[2]

Es ist durchaus nachvollziehbar, dass es nicht reicht, sich von einem Interpretationsrahmen zu trennen und das genealogische Paradigma über Bord zu werfen, sondern dass man allgemein den Sinn auf andere Weise betrachten muss, den jeder seiner Existenz gibt. Entscheiden wir uns dazu, einer Interpretation unseres Selbst zu folgen, deren Ursprung im Leben unserer Ahnen liegt, oder müssen wir, wie der Philosoph es nahelegt, etwas »außerhalb von uns selbst« denken, das von allen Formen der Abstammung befreit ist und sich eher durch den Positionswechsel als durch die vorgezeichnete Spur bestimmt, eher durch Abweichungen als durch ausgetretene Pfade? Der Mensch nimmt eher in der Bewegung, im Unterwegssein Gestalt an als im geschlossenen Kreis der Wiederholung.[3] Oder anders ausgedrückt: eher im Bruch als in der Kontinuität.

> »Sein Leben außerhalb des Ichs, das uns die Stammbäume der Legitimität aufzwingen, riskieren. Sich den Mahnungen entziehen, damit ein fragiles und widerrufliches, selbstgewähltes und ausgehandeltes Selbst dort entstehen kann, wo sich die Gegenwart von den angenommenen Erinnerungen nährt.«[4]

Bei diesem Risiko kommt gerade die Authentizität – und die tiefgreifende Unsicherheit – des Individuums zum Tragen. Es geht darum, seine Lebendigkeit, seine Variationen, seine Möglichkeit, anders zu sein, ja sogar die Möglichkeit einer Entwicklung und Freiheit, zu erhalten. Die Erinnerungen, aus denen ich schöpfe, erbe ich nicht, sondern ich nehme sie an. Ich beziehe mich darauf, soweit es geht, mit Abstand. Aus dieser Sichtweise stellt mein Erbe eine persönliche Ausarbeitung dar, in der die alten Stimmen sich mir nicht aufzwingen, sondern mir Geschichten zuflüstern, denen ich mich entschließe zuzuhören oder auch nicht. Wenn die Vergangenheit mir in den Ohren dröhnt, ist sie nichts als ein Trauma. Doch in den meisten Geschichten bin ich zweifelsohne freier in Bezug auf die Vergangenheit meiner Familien, als ich denke.

> »Jeder arrangiert sich mit seinen Gegebenheiten, seinem Erbe und Nicht-Erbe, seinen sich verändernden Identifikationen, seinem zusammengestückelten Inneren.«[5]

Einige pfropfen sich jedoch auf einen vorhandenen Zweig auf, erkennen sich in einer Ahnenreihe wieder und scheinen ein Stellvertreterleben zu führen. Noudelmann entdeckt in dieser Art, »ein anderes Leben, andere Gefühle zu übernehmen«,[6] die Spur eines Egozentrismus und macht sich Gedanken über diese Gewohnheit, die wir allzu leicht annehmen und die uns dazu treibt, uns in den Eigenschaften und dem Treiben eines Ahnen wiederzuerkennen, so als ob wir stets nur eine bereits gelebte Existenz wiederholen würden. Welche Rollen spielen diese Leben im unsrigen? Dienen sie uns als Trost oder als Entschuldigungen? Sind die Annäherungen nicht etwas gewollt und übertrieben, rühren sie nicht aus dem Wunsch nach Zugehörigkeit, der Angst vor der Einsamkeit und dem Neuen? Die Voraussetzung für die Authentizität und Autonomie des Menschen, ja, sogar für sein Atmen, wäre somit, dass wir riskieren, wir selbst zu sein, ohne von einer familiären Vergangenheit gestützt zu werden, dass wir uns der Unaufrichtigkeit des Zurückschauens entziehen. Die Abstammungslogik erstickt uns wie alte verstaubte Dokumente. »Eine überlieferte Identität zu übernehmen« bedeutet, »sein Gedächtnis auf die Familiengeschichte zu reduzieren«.[7] Mein Platz beschränkt sich nicht auf die Tatsache, dass ich auf einem genealogischen Ast sitze.

Es ist ebenso wichtig, die Bedeutung anderer Figuren außerhalb der Familie richtig zu erfassen, »Menschen außerhalb der eigenen Familie einen Platz einzuräumen, Personen, die wir in der Schule, auf der Straße, auf Reisen getroffen haben und die maßgeblichen Einfluss auf uns hatten«.[8] Unser Leben macht glücklicherweise nicht an der eigenen Haustür halt.

> »Vererben und vermachen uns diese Menschen, die wir im Leben außerhalb unserer Ahnenreihe getroffen haben, nicht Dinge, die häufig entscheidender sind als die unserer Vorfahren?«[9]

Ein Lehrer, ein Gefährte, eine Clique oder eine Romanfigur lassen die Idee der Differenz, der Andersheit entstehen und befreien uns vom allzu Vertrauten. Die Verbundenheiten sind ebenso emotional wie imaginär. Ein fremdes Gesicht oder neue Worte lassen neue Verzweigungen entstehen; eine Landkarte intimer Einflüsse nimmt Gestalt an. So zeichnen sich »die Umrisse einer fluiden Konstellation ab, die es erlaubt, den Beziehungen, Erinnerungen und affektiven Sedimenten zu folgen, die das gegenwärtige Leben erfüllen«.[10] In einer an Montaigne angelehnten »Ethik der Verbundenheit« empfiehlt Noudelmann nachdrücklich diese »Konstruktion eines selbstgewählten emotionalen Erbes«.[11]

Unsere Identität webt sich aus verworrenen und vermischten Stimmen, deren Herkunft ungewiss ist. »Wie viele weitere Stimmen laufen unter der Führung des Ichs mit?«, fragt sich Noudelmann.[12] Wir greifen, ohne uns dessen bewusst zu sein, die Betonungen, Rhythmen und Klangfarben auf, die uns geprägt haben; unseren Worten wohnt der Hauch der anderen inne, ihr Murmeln und Echo hallt darin wider. Diese Stimmen durchdringen uns und rufen uns an. Sie rufen uns nicht in dem Sinne, dass sie uns beauftragen würden, sondern sie wenden sich an uns, an etwas in uns, das sie wachrufen.[13] Doch dieses Echo ist irritierend. Diese

Worte sind nicht beruhigend und vertraut, sondern sie »dringen durch [ihre] Misstöne plötzlich in uns ein«:

> »Die Misstöne von überall her legen uns nahe, in einem anderen Ton zu sprechen, sie ermuntern uns dazu, nicht mehr zu demselben Objekt des Begehrens zurückzukehren, weil sie uns von uns selbst distanzieren und den Einklang mit uns durchbrechen.«[14]

In einem anderen Ton zu sprechen bedeutet, jenes Gebot umgekehrt wieder aufzugreifen und sich herauszunehmen, anders zu sprechen. Es bedeutet, uns in dieser Erfahrung der Unstimmigkeit unsere eigene Stimme anzueignen, nicht länger die anderen für uns sprechen zu lassen. Aus dem genealogischen Paradigma auszubrechen bedeutet demnach durchaus, den Platz zu verlassen, den man uns zuweist, und unseren Spielraum zu erweitern, wie Noudelmann betont.[15] In der Bewegung, in der »Herausforderung all dessen, was uns aus uns selbst heraustreten lässt«, konstituiert sich das Individuum. Was uns unterbricht, was uns aus dieser Ordnung der Plätze herauslöst, befreit uns:

> »Die durch Schmerz oder Empörung verursachten Brüche offenbaren somit die Freiheit, anders zu handeln, als es der Bestimmung der familiären oder sozialen Positionen entspräche.«

# Reise nach Jerusalem

»Niemand hinter den Kulissen hat je mit drei Gongs feierlich ein neues Bühnenbild eingeläutet, das nahezu genauso aussah wie das vorangegangene. Etwas hat sich verändert. Die Möbel, der Fußboden, die Gegenstände. Alles ist schön an seinem Platz, doch die Wahrnehmung hat sich verändert. [...] sie ziehen zum zweiten Mal in denselben Raum ein.«[1]

Durch glückliche Ereignisse oder Schicksalsschläge im Leben wird die übliche Ordnung der Plätze, die sich durch Verbundenheiten oder familiäre Gewohnheiten etabliert hat, erschüttert. Bereits eine einzige Geburt kann die Welt und das Bühnenbild verändern. Die Neubesetzung der Orte ist nicht ohne Belang. Sie erinnert uns daran, dass eine Familie eine sich verändernde Konstellation ist. Das Schlafzimmer wechseln, sich im Erdgeschoss einrichten, das Büro neu gestalten, anbauen; all diese Veränderungen oder diese Arbeiten gehören zur glücklichen oder unruhigen Dynamik einer Familie. Parallel dazu verschieben sich die symbolischen Plätze, kehren sich um und wechseln untereinander. Die Veränderung der Beziehungen im Hinblick auf Schutz und Fürsorge, aber auch Macht und Beherrschung verändern das Wesen der Bindungen zwischen Eltern und Kindern, Brüdern und Schwestern. Familientreffen organisieren, sich an Geburtstage erinnern, die Rechnung bezahlen: Es gibt so viele Zeichen, die von unserem Platz und unserer Einbindung in die Familiendynamik zeugen. Erfolg, Geld, Bekanntheitsgrad, Geburten, aber auch schwere Prüfungen des Lebens, berufliche und emotionale Unwägbarkeiten definieren die Art der Beziehungen, der Aufmerksamkeit, der gemeinsamen Präsenz innerhalb einer Familie neu. Wer kümmert sich um den kranken Vater, wer besucht den Bruder, der eine Behinderung hat? Die verschiedenen Lebensphasen, die Art, wie wir von einem Feld zum nächsten springen, die Augenblicke, in denen wir das Gefühl haben, dass wir auf dem Schachbrett zurückweichen, die Momente, in denen wir die uns auferlegten Regeln ablehnen, führen dazu, dass die Verteilung der symbolischen Plätze sich im Lauf der Zeit unentwegt verändert. Wie verlaufen die Revanchen oder Streitschlichtungen bei diesen Familienquartetts? Wodurch werden die Karten neu gemischt?

Manchmal hindern uns Alter, Krankheit oder Depressionen daran, unseren Platz aufrechtzuerhalten, und stellen die Verhältnisse von Fürsorge und Schutz auf den Kopf. Zum Vater oder zur Mutter des eigenen Vaters, der eigenen Mutter oder des eigenen Bruders zu werden, seinen Partner wie einen Patienten zu pflegen und ihn, in besonders belastenden Fällen, schließlich wie einen Fremden zu betrachten oder von ihm als Fremder betrachtet zu werden, sind allesamt schwere Herausforderungen, die auf tragische Weise die emotionalen Bindungen verändern oder auflösen. Wer kümmert sich um wen? Autorinnen wie Hélène Cixous oder Annie Ernaux, Psychiater wie Donald Winnicott oder Philosophen wie Michel Malherbe haben sich mit dieser wichtigen Veränderung der Beziehung zu einem Elternteil oder einem Lebensgefährten befasst.[2] Die Thematik depressiver oder misshandelnder Mütter ist in zahlreichen psychologischen Abhandlungen und jüngst auch in Erzählungen und Romanen behandelt worden.[3] Eine Mutter kann wie Saturn ihre eigenen Kinder verschlingen. Jugendliche treten an die Stelle ihrer schwachen Eltern und sorgen für ihre Geschwister.[4] Welche Leerstelle wird dieser unbesetzte Platz einer unbekümmerten Kindheit oder selbstbezogenen Jugend in ihrer Geschichte hinterlassen? Lassen sich diese versäumten Momente nachholen?

Entsprechende Fragen stellen sich, wenn ein Unglück oder eine Krankheit dazu führen, dass ich mich nicht mehr um meine Angehörigen kümmern kann. Wer bin ich, wenn ich nicht mehr in der Lage bin, für meine Kinder zu sorgen? Bin ich noch ein Vater, fragte sich der Philosoph Jean-Luc Nancy in *Der Eindringling* [*L'intrus*], als er angesichts der Herausforderung einer Herztransplantation und der damit verbundenen Krankheiten nicht mehr all die Plätze als Philosoph, Ehemann und Vater auszufüllen vermochte, die seine Identität ausmachten.[5] Ich bin wie das Kind, das sich bei der Reise nach Jerusalem in dem Moment, in dem die Musik aufhört zu spielen, ohne Stuhl wiederfindet.

Einige tragische Plätze sind so unerträglich, so skandalös, dass es in manchen Sprachen nicht einmal eine Bezeichnung für sie gibt, sie bleiben tabu. Weder im Französischen noch im Deutschen gibt es ein Wort, um einen trauernden Vater zu bezeichnen, der zur Waise seines verlorenen Kindes geworden ist. Umgekehrt gibt es manchmal Worte, und man wünschte sich, sie nicht gehört zu haben, weil sie uns Gewalt antun oder auf tragische Weise nachklingen. Wo ist unser Platz, wenn wir als »Unfall« oder »Bastard« bezeichnet werden oder die unerwünschte Frucht einer heimlichen, verbotenen Beziehung oder eines erzwungenen Geschlechtsverkehrs sind? Wer bin ich, wenn ich einen Verstorbenen »ersetze«, an den bisweilen mein Vorname erinnert, oder wenn ich nach einem zu früh verstorbenen Bruder oder einer Schwester auf die Welt komme?[6]

Diese familiären Erschütterungen zwingen uns dazu, den Platz neu zu bestimmen, den wir uns vage wünschen einzunehmen, ohne dass wir uns bereits dazu entschließen konnten. In ihrem Roman *Avant que j'oublie* (›Bevor ich es vergesse‹) analysiert Anne Pauly den Tod ihres Vaters als ein Ereignis, das ihr bewusst macht, dass es dringend notwendig ist, zu gehen, sich »in Gang zu setzen«. Sie beschreibt mit

Humor und Sensibilität, was die Trauer in ihr verändert, wie sich die Plätze der einen und der anderen dadurch verschieben, was sich im Innersten von Grund auf wandelt. Die Erzählerin erkennt plötzlich, dass ihre Existenz stagniert, dass sie auf der Stelle tritt:

> »Und wenn ich weniger Angst davor gehabt hätte, voranzukommen, weniger Angst aufzubrechen, im wörtlichen wie übertragenen Sinne den Motor in Gang zu setzen, zu starten, dann hätte ich vielleicht allein mit meinem kleinen, weißen Peugeot 206 über die Autobahn Richtung Poissy zur Uniklinik rasen können, anstatt blöd darauf zu warten, dass man mich abholt. Wie konnte ich nur so viel Zeit in meinem Leben damit vergeuden, auf eine freie Bahn zu warten, wenn sie doch in Wirklichkeit offen, frei zugänglich vor mir lag? Denn schließlich raste ich gerade, so schnell ich nur konnte, über sie.«[7]

Manchmal brauchen wir starke Gefühle, um uns von einer uns zugewiesenen Rolle zu befreien, die wir unmöglich übernehmen können. Die Reise nach Jerusalem lässt sich so als familiäre, aber auch als soziale und politische Metapher lesen. Diejenigen, die in unseren Augen unersetzlich sind, werden unter bestimmten wirtschaftlichen und politischen Konstellationen doch schnell durch Rentabilitätslogiken ausgetauscht, die blind, mechanisch Menschen durch beliebige andere ersetzen. Genau davon handelt auch der Roman von Anne Pauly: dem sozial vorprogrammierten Scheitern, den armseligen Plätzen, dem Verbanntsein auf die Ersatzbank. In diesem grausamen Spiel der Schleudersitze sind alle austauschbar, und der Schwächste, der Verletzlichste, ist der Erste, der seinen Platz verliert.

# Die fehlenden Plätze

»Ich wünschte, es gäbe stabile, unbewegliche, unantastbare, unberührte und fast unberührbare, unveränderliche, verwurzelte Orte; Orte, die Bezugspunkte, Ausgangspunkte, Quellen wären: Mein Heimatland, die Wiege meiner Familie, das Haus, in dem ich geboren würde, der Baum, den ich wachsen sähe (den mein Vater am Tag meiner Geburt gepflanzt hätte), der Dachboden meiner Kindheit mit vielen unversehrten Erinnerungen ...
Solche Orte gibt es nicht, und weil es sie nicht gibt, wird der Raum zur Frage, hört auf, eine Selbstverständlichkeit zu sein, hört auf, verinnerlicht zu werden, hört auf, angeeignet zu werden. Der Raum ist ein Zweifel [...], er ist mir niemals gegeben, ich muss ihn erobern.«

Georges Perec, *Träume von Räumen* [*Espèces d'espaces*]

Man muss auch über die Plätze schreiben, die man nie einnehmen konnte, über die Orte, die sie symbolisieren, wie die Kinderzimmer bei Perec. Ihm fehlen diese Orte, die uns charakterisieren, uns umfassen, uns beruhigen. Diese Orte, die uns dauerhaft als Orientierungspunkte, Quellen beherrschen. Orte, die mit unserer Geburt, unserer Geschichte verbunden sind, die von unserer Präsenz zeugen, sie symbolisch bestätigen und stützen. Wir sprechen nicht von außergewöhnlichen, sondern von banalen Plätzen, wie sie in jeder Geschichte vorkommen, ›normalen‹ Plätzen in der Grammatik eines Lebens. Mit den Plätzen der Existenz verhält es sich wie mit Grammatikregeln. Erst Objekt, dann Subjekt einer Liebe sein, das Konjugieren beherrschen, sich mit dem Konjunktiv vertraut machen. Wenn ich keine unbeschwerte Kindheit kennengelernt habe, wenn man mir diesen ersten Platz verweigert hat, kann mein Leben als Erwachsener durch dieses schmerzhafte Fehlen zerbrechlicher werden. Diese enorme Lücke nimmt den gesamten Raum ein, bis zu dem Punkt, dass sie verdunkelt, was da ist und lebt, freilich stets aus der Entfernung, verschleiert. Die klaffenden Lücken der Vergangenheit wie die Abgründe der Trauer, in die wir manchmal versinken, berauben uns unserer Energie. In dieser eher »gespielten« als gelebten Existenz bleibt der Geist im Irreparablen gefangen.

In seinem Werk *Par instants, la vie n'est pas sûre* (›Ab und zu ist das Leben nicht sicher‹) schildert der Schriftsteller und Filmemacher Robert Bober eine erstaunliche Anekdote: Als Perec sein Manuskript zu *Anton Voyls Fortgang* zum ersten Mal Maurice Nadeau zum Lesen gab, fiel dem Herausgeber gar nicht auf, dass der Buchstabe E fehlte. Kann man ein solches Fehlen übersehen? Zweifelsohne. Ständig entgeht uns, dass etwas fehlt, obwohl es offensichtlich ist, weil wir es nicht sehen wollen. Dennoch bauen wir selbst in dieser Weigerung um diese Leere herum und bestimmen ihre Umrisse ex negativo. So beschreibt die Abwesenheit auf indirekte Weise ihren Platz durch unsere Vermeidungsstrategien, unsere Ausfluchten, unser Schweigen.

> »Doch da war 'n Manko. Da war 'n Ausfall, 'n Spalt, 'n Loch, wovon man nichts wußt, das man nicht sah, das dich blind macht. Da war plötzlich was fort, war aus Blick und Sinn.«[1]

Ab und zu ist das Leben nicht sicher, der Boden gibt unter meinen Schritten nach. Die Vergangenheit macht mich zerbrechlich, verrät mich. Was verschwunden ist, wiegt schwerer als das, was ist. Im selben Buch erwähnt Robert Bober einen Austausch mit einer seiner Leserinnen. Da sie ihre Eltern, die während des Zweiten Weltkriegs deportiert worden waren, nicht kennengelernt hat, beginnt sie, auf die glückliche Kindheit ihrer eigenen Töchter neidisch zu werden. Die Tatsache, dass sie niemals diesen Platz des Kindes eingenommen hat, um das man sich kümmert, lässt sie an sich selbst zweifeln: Ist sie eine liebende Mutter, sie, die nicht geliebt werden konnte? Diese fehlende Kindheit hallt in der gegenwärtigen Beziehung zu ihren Töchtern wider.

> »Sie war neidisch auf ihre kleinen Töchter. [...] Sie wäre gern an deren Stelle gewesen und hätte gern selbst diesen liebevollen Umgang erfahren; gleichzeitig fragte sie sich, da sie ihn selbst nie erlernt hatte, ob dieser Umgang auch wirklich der richtige war.«[2]

Auf diesen Schmerz und diese Unsicherheit antwortet Bober mit der Anekdote des fehlenden E in *Anton Voyls Fortgang* [*La disparition*] und zieht die Parallele zur Kindheit der Leserin:

> »Ja, ihre Kindheit war anders gewesen, so wie ein Buch von Perec anders war, doch sie führte ein Leben, wie es sich ihre Eltern bis zum letzten Augenblick für sie erhofft hatten.«[3]

Wenn man ein ganzes Buch ohne den Buchstaben E schreiben kann, kann man sogar ein Leben bestreiten, das von einem Fehlen durchzogen ist, das den ganzen Platz für sich beansprucht. Wenn man ein Buch ohne ein E schreiben kann, ohne den Buchstaben, den man in seiner Muttersprache am meisten braucht, kann man auch ein ganzes Leben ohne die Personen leben, an denen man am meisten hing. Wir können die Erzählung einer Existenz selbst dann weiter entfalten, wenn dieses Fehlen unsere Grammatik verändert und unser Vokabular verdüstert. Wenn wir die Personen verloren haben, die uns am meisten bedeuteten, braucht es Wahnsinn und Genialität, um ohne sie weiterleben zu können, so wie es beides braucht, um eine Geschichte ohne E zu schreiben. Und dieses Leben wird trotz des Fehlens von nun an unseres sein. Indem er die Hoffnung bekräftigt, die ihre Eltern für sie ausdrückten, eine Hoffnung, die zweifelsohne ihr letzter Gedanke war, kehrt Bober die Abwesenheit in Fürsorge um und ersetzt das Bild des Fehlens durch tiefe Hoffnung. Obgleich sie nicht in den Genuss ihrer Fürsorge und ihrer Liebe kommen konnte, stand sie doch im Mittelpunkt ihrer Gedanken und Hoffnungen. Sie hatten für sie das bestmögliche Leben erhofft, genau jenes, welches ihr zuteilgeworden war, doch das sie, mehr Zuschauerin als Handelnde, sich nicht voll und ganz zu eigen machen konnte. Das war aus Bobers Sicht, »was sich ihre Eltern von ganzem Herzen gewünscht hätten«.

Bober ersetzt mit diesem kleinen Satz somit das, was nicht war, durch das, was war, nämlich die reale Sorge der Eltern um sie; die Sicherheit, dass sich all deren Gedanken bis zum letzten Augenblick auf sie gerichtet hatten und dass sie im Mittelpunkt ihrer Liebe stand. Das Bild ihrer Eltern, die sich noch unmittelbar vor ihrem Tod um sie sorgten, tröstet das kleine Mädchen in ihr, das sich weigerte, ihr Platz zu machen, und stattdessen Wiedergutmachung forderte. Es bringt die junge Frau zur Fülle ihrer Existenz zurück, setzt sie wieder in dieses Leben ein, von dem sie sich abgewandt hatte, da sie von dieser Vergangenheit, die sie verfolgte und die ihre Schatten auf die Gegenwart warf, zurückgezogen wurde. So schließt sie die klaffende Lücke, besetzt sie und kann voll und ganz Mutter sein, indem sie ihren Kindern den Platz bietet, den sie selbst gern eingenommen hätte.

Vielleicht machen wir nie etwas anderes, als diese Löcher der Kindheit zu stopfen. Die Verletzungen der ersten Augenblicke des Lebens beheben, uns um das Kind kümmern, das wir waren und das uns manchmal daran hindert, unsererseits vollständig erwachsen zu werden. Wir reparieren die Dinge, um uns selbst zu reparieren, wir nehmen die Erzählung wieder in der ersten Person auf, um unsere Stimme wiederzufinden, wir schreiben unsere Geschichte, um unsere Perspektive wiederherzustellen. In ihrem Roman *Le garçon de mon père* (›Der Junge meines Vaters‹) beschreibt Emmanuelle Lambert diese aufschlussreichen Handlungen, die Verletzungen der Kindheit verraten, die im Erwachsenenalter immer noch nachwirken:

> »[Die alten unvollständigen Spielzeuge], die die Mutter meiner Mutter kauft, um sie zu reparieren, in Erinnerung an die, die sie selbst nie hatte, als ob sie so das ausgesetzte Waisenkind, das sie gewesen war, bei sich aufnehmen und ihrer eigenen Erinnerung verlassene Puppen schenken könnte.«[4]

Einige Menschen tragen einen Doppelgänger ihrer traurigen Kindheit in sich und versuchen, ihn durch verschiedene aufschlussreiche Handlungen zu trösten. Die Romanschriftstellerin schlägt das ergreifende Bild dieses inneren Doppelgängers vor:

> »Es heißt, dass manche Personen den toten Embryo ihres Zwillings an merkwürdigen Orten in ihrem Körper tragen. Mir scheint, dass bei manchen die traurige Kindheit an ihrem Körper festwächst wie ein toter Embryo an seinem Zwilling.«[5]

Manchmal reichen die Worte eines anderen, und seien es nur einige wenige, aus, um eine zu sensible Vergangenheit zu reparieren, so wie man alte abgenutzte Fotos restauriert, um die Krämpfe einer schmerzvollen Erinnerung zu lindern. Die Geschichte, die eine Frau von der Kindheit ihres Vaters erzählt, ist vielleicht auch der Versuch, sich um das einsame Kind zu kümmern, das er war.

## Sich einen Platz ersinnen

Wir haben alle schon einmal aus dem Leben anderer Bruchstücke einer Existenz gestohlen, die nicht die unsere war. Wir haben bei unseren Cousins, unseren Freunden andere Weisen zu leben, unbekannte Formen der Zuneigung gesucht oder erlebt. Neue Melodien, die dem Alltag einen anderen Klang geben. Wir übernehmen andere Lebensgewohnheiten, ein wenig so wie extravagante Kleider, Kostüme oder prunkvolle Trachten. Wir spielen die Rolle einer anderen Person, wir nehmen für einige Stunden oder auch nur wenige Augenblicke ihren Platz ein. Wir tun so als ob. Doch in dieser Fiktion, in diesem *let's pretend*, schließen wir stellvertretend die Löcher unserer Kindheit. In diesen flüchtig getauschten Rollen spielt sich etwas sehr Ernstes ab.

In seinem Roman *Eines Tages wird es leer sein* [*Un jour ce sera vide*] schildert Hugo Lindenberg treffend und unerbittlich den Schmerz einer Kindheit ohne Mutter. Der Erzähler, ein kleiner Junge, verbringt seine Ferien in der Normandie bei seiner Großmutter und seiner alten verrückten Tante. Der Vater wird selten erwähnt, die Mutter bleibt ausgespart. Das Leben der »normalen« Familien ist ein Geheimnis, das der Erzähler zu ergründen versucht, indem er sie am Strand beobachtet.[1] Dieses einfache Glück sieht er nur flüchtig in diesen sommerlichen Ausschnitten, bis er den jungen Baptiste kennenlernt, der ihm sein Haus öffnet. Der Erzähler wird sich für wenige gestohlene Augenblicke auf den Platz des Letzteren schleichen: den Platz eines Sohnes, der bei seiner Mutter ist, in dieser Ersatzfamilie.[2] Er beobachtet die Gegenstände und Rituale, die unseren Platz in der Familie besiegeln – ein Serviettenring mit dem eigenen Namen, ein Baum, der anlässlich der Geburt gepflanzt wird:

»Um den Tisch herum hat jeder seinen Platz, seine eigene Stoffserviette und einen Holzring, auf dem der Vorname eingebrannt steht. […] Ich habe auch einen. Es steht nicht mein Vorname darauf, sondern ein Stern.«[3]

Doch besonders ungeduldig wartet er auf den Moment, wenn es ins Bett geht und ihm die Mutter am Abend vor dem Schlafen einen Kuss auf die Stirn drückt:

»Ich muss mich zusammennehmen, damit man mir nicht meine Unruhe anmerkt und damit ich das Gesicht eines Jungen präsentieren kann, der Zärtlichkeit gewohnt ist. […] Ich bin endlich bereit, den Kuss zu bekommen.«[4]

So tun, als ob alles normal und selbstverständlich wäre, aber den Kuss einer Mutter erwarten wie eine Beglaubigung seiner Kindheit, des flüchtigen Rechts darauf, geliebt zu werden.

Manchmal lässt mir eine Person auch mit wenigen Worten oder mit einer kleinen Geste, bisweilen auf so belanglose wie entschiedene Weise, durch die Aufmerksamkeit, die sie mir schenkt, einen Platz zuteilwerden, den ich noch lange Zeit danach festzuhalten versuche. In seinem Roman *L'homme qui tremble* (›Der Mann, der zittert‹) erinnert sich Lionel Duroy daran, wie seine Französischlehrerin ihm einmal in der Schule sanft über die Wange strich:

»Die Hände einer Frau auf meinem Gesicht, danach ihr Lächeln, als würde ich ihr gefallen. Ich habe geschrieben […], wie dankbar ich ihr dafür bin, dass sie mir einen Platz gegeben hat, dass sie mich ›berührt‹ hat.«[5]

Dieser Beweis der Zuneigung gibt dem Kind schließlich das Gefühl zu existieren. Er bietet ihm einen Platz an, dem Kind, das ständig umzog, die Schule abbrach und unbeliebt war, das einen solchen Platz in seiner zu großen Familie nicht fand.[6]

Die fremde Person, die, ohne sich dessen auch nur bewusst zu werden, um uns herum einen Schutzkreis, einen Lichterkranz skizziert, macht uns plötzlich sichtbar, lässt uns in unseren eigenen Augen existieren. Ein in die Zukunft gerichteter Spruch, der wie ein Orakel gedeutet wird, kann ausreichen, damit wir versuchen, ihn zu verwirklichen. Er lässt den Horizont einer Welt aufscheinen, die es zu erobern gilt. Manchmal schmiegt sich ein Blick an unsere Konturen, und schon sind sie nicht mehr unscharf und unbestimmt. Unsere Existenz ist nicht länger verschwommen, unser bis dahin flüchtiges Sein wird klarer, beschließt, eine bestimmte Form anzunehmen. In uns erscheint im wahrsten Sinne des Wortes Bestimmtheit. In den Armen einer anderen Person, vor ihren Augen, nimmt unser Sein Gestalt an, bekommt unsere Existenz Fülle und erlangt auf dieselbe Weise Präsenz, wie sich das kleine Kind in den Armen seines Vaters oder seiner Mutter seiner selbst bewusst wird. Doch wenn diese Arme fehlen, wenn die Liebe oder Aufmerksamkeit der uns Nahestehenden zu schwach ist, kann es passieren, dass uns stattdessen eine fremde Person diese Unterstützung bietet, damit wir zu uns selbst finden, damit wir aus unserer schwankenden Existenz ausbrechen können. Eine Hand auf meinem Kopf oder ein kurzer Satz wirken wie Funken, die ein kleines inneres Feuer anfachen.

# Geister

»Ich versage es mir, Tag und Nacht voneinander zu trennen.«

J.-B. Pontalis, *L'amour des commencements* (›Die Liebe des Anfangs‹)

Der Mangel und die Abwesenheit, sei es eines anderen oder meiner selbst, nehmen einen Platz ein, der nicht verschwiegen werden soll. In diesem Sinne bleibt eine Person, die verstorben ist, gegenwärtig, nur dass sie, wie J.-B. Pontalis es ausdrückt, »aufhört, hörbar und sichtbar zu sein«.[1] Aus versunkenen Welten steigen die Spuren vergangener Leben wieder an die Oberfläche unserer Leben. Vielleicht müssen wir die Spur dessen, was nicht mehr ist, bewahren. Die unauffälligen Zeichen der geisterhaften Erscheinungen in unseren Leben nicht verdrängen. Die Brüche nicht kitten, die Risse, die Leere stehen lassen. So schlägt die Rabbinerin Delphine Horvilleur vor, »die Spur der Unvollständigkeit in unserem Leben zu belassen, einen Ort bewohnen zu lernen, an dem der Mangel seinen Platz hat. Die Spur anzuerkennen, die das hinterlässt, was nicht mehr ist.«[2] Geister sind ihr zufolge jene, die wir aufnehmen, indem wir einen Platz für sie schaffen.

Wer sind die Geister? Jene, die trotz oder aufgrund ihrer Abwesenheit zu viel Platz einnehmen. Jene, die uns in der Nacht heimsuchen wie in den Pausen des Tages, die sich in unsere Gedanken einschleichen, ohne dass wir es wollen, die sich überraschend in unseren Gesten, unseren Ausdrücken wiederfinden, weil der Körper jenes Geistes schlicht der unsere ist. Wenn ein Geist mich verfolgt, liegt es daran, dass er sich in mir befindet. Er ist der, den wir nicht auf angemessenen Abstand halten können – eine Distanz, die ihn erträglich machen würde. Der Geist ist die lebendige Erinnerung an jenen, der aus meinem Leben verschwunden ist, der sich endgültig entfernt hat, der die Brücken hinter sich abgebrochen hat, der gegangen oder gestorben ist, doch dessen Präsenz in meinem Seelenleben sehr intensiv bleibt, zu intensiv, wenn sie schmerzt. Er ist der, an den ich unentwegt denken muss, der mich nicht loslässt, selbst wenn im realen Leben nur noch wenige Spuren von ihm geblieben sind. Seine Gegenwart verfolgt mich vielleicht umso mehr, als sie nicht von der Realität durchkreuzt oder widerlegt werden kann. Der Geist kann mir überall erscheinen. Ich werde nie mit ihm abgeschlossen haben. Er schleicht sich in meine Träume wie auch mitten in ein Gespräch mit Freunden, und seine zwingende Präsenz verlangt meine sofortige Verfügbarkeit, meine ungeteilte Aufmerksamkeit. Wir wünschten uns, er würde verschwinden, er würde aufhören, diesen Raum einzunehmen. Wir glauben, ihn an einer Straßenecke wiederzuerkennen, wir hoffen auf einen Anruf, ein Zeichen. Er ist der, an den wir ständig denken müssen, weil wir nur noch an ihn denken können. Wir können ihn nicht mehr sehen, mit ihm sprechen oder ihn umarmen. Dieser Geist entsteht durch das Missverhältnis zwischen der Sehnsucht nach einem Menschen und der Unmöglichkeit seiner Präsenz; zwischen dem Bruch in der Realität und dem Bedürfnis nach einer Bindung, die aufrechterhalten wird. Da er fehlt, erhält ihn unser Bewusstsein in uns am Leben. Warum hängen wir an diesen Geistern? Welche Rolle spielen sie in unseren Leben?

Das Gefühl, verfolgt zu werden von der Erinnerung an eine Person, die wir noch lieben, nur an sie zu denken, ständig erfüllt zu sein von der Art, wie sie war und wie sie dachte, im Stillen den Dialog mit ihr fortzusetzen, sie in heimlichen Gesprächen um ihre Meinung und ihren Rat zu bitten. Doch auch das noch schmerzhaftere Erfülltsein von einem Leid, das wir von Geistern erben, die uns schwere familiäre oder geschichtliche Tragödien zu früh genommen haben. Von diesem gedämpften Leben, das unsere Körper umtreibt und quält, von diesem Leben in Erinnerungen, die ganz und gar Besitz von uns ergreifen, erzählt uns Camille de Toledo in dem Roman *Thésée, sa vie nouvelle* (›Theseus, sein neues Leben‹). Darin wird der Erzähler durch physische Schmerzen gelähmt, nachdem sich sein Bruder das Leben genommen hat. Die Geister der Tragödien, die wie ein Heer aus den Schatten der Vergangenheit hervorstürmen, erschüttern uns. Sein Erzähler versucht, »der eine Dominostein [zu] sein, der in der Familie, die umfällt, stehen bleibt«.[3] Man befiehlt ihm durchaus, »nicht die Schleusen der Zeit wieder zu öffnen«, doch der Fluss der Erinnerungen durchströmt bereits die Körper. Seine Mutter hat bereits eine zeitliche Bresche geschlagen, ohne es zu merken, ohne sich der kommenden Katastrophe bewusst zu sein. An sie richtet sich innerlich der Erzähler:

> »Du wusstest es nicht, aber du hast dich auf diesen Weg begeben, dem ich folge, auf dem sich miteinander verquickte Geister, die einen verfolgen, und Geheimnisse, die durchsickern, offenbaren; die Menschen leben häufig auf einer einzigen Ebene der Existenz, auf der sie die Zeitung lesen, schlafen, arbeiten, in den Urlaub fahren; doch es gibt eine zweite Ebene, auf der etwas versucht, sich in einem Strom, der durch die Körper fließt, zu verwirklichen; und du, Mutter, du suchtest alles ab, aber so wie es Blinde tun.«

In diesen Geistergeschichten, in denen die Verstorbenen mehr Platz einnehmen als die Lebenden, zeigt sich manchmal die Unmöglichkeit des Verlustes. Wie sollten wir das preisgeben, was wir nicht einmal kennengelernt haben? Wie sollten wir uns mit einer Abwesenheit abfinden, die an keine

Präsenz anschließt? In seinem Essay *Apprendre à perdre* (›Lernen zu verlieren‹) schildert der Philosoph Vincent Delecroix »diese paradoxe Position im Sein – oder eher *zwischen* dem Sein und dem Nicht-Sein –, wenn etwas fehlt, ohne jemals existiert zu haben«.[4] So ist es ihm zufolge »nicht das Fehlen, das krank macht, sondern die anhaltende Präsenz dessen, was verloren und eben gerade niemals vollkommen verloren ist. Die Abwesenheit verursacht Leid, die Präsenz des Fehlenden beherrscht und verfolgt einen; im Bewusstsein abwesend, doch immer noch da.« Das Paradox des Verlusts erklärt die Existenz des Geistes: »Was fehlt, ist überschüssig.«[5] Der Geist ist der schemenhafte Körper des zentralen Mangels in einem Leben, etwa eines abwesenden Elternteils. In der Gestalt des fehlenden Menschen verfolgt das Phantom einer Kindheit oder die Vorstellung eines gemeinsamen Lebens das Individuum.

Wir müssen auch über die Unruhe sprechen, die der Geist hervorruft, der vielleicht lebendiger und uns näher ist, als die aus unserem Leben verschwundene Person es je war. Weil er mir immer präsent ist, weil ich mit ihm ein paralleles geheimes Leben führe, tritt der Geist schließlich an die Stelle der Person, deren Widerschein er ist, manchmal bis zu dem Punkt, dass er sie verdrängt.

Sind wir es, die unsere Geister lebendig halten, oder ist es eher so, dass sie in unser Leben eindringen? Vielleicht erwarten wir von ihnen, dass sie uns mit Leben erfüllen, wo wir sonst dahinvegetieren. Vielleicht brauchen wir Geister, so wie wir eine Struktur benötigen. Obwohl sie flüchtigen Charakters sind, können sie uns stützen. Wir zählen darauf, dass sie uns lenken, uns helfen, etwas festzuhalten oder uns davon zu trennen.

Es sei denn, wir würden mit ihnen ins Reine kommen? Welcher Zorn, welche Traurigkeit verleiht ihnen Gestalt? Wir richten jene Worte an sie, von denen wir bedauern, dass wir sie nie ausgesprochen haben. Wir setzen Diskussionen fort, die zu früh unterbrochen wurden, wir formulieren oder erwarten Entschuldigungen, wir hoffen auf Vergebung oder Trost. Der Geist beruhigt uns ebenso sehr, wie er uns verängstigt. Er ist das Vertraute, dessen erstaunliche Nähe beunruhigt, da sie vertrauter ist als die, die die Realität gewährt.[6] Der Geist nimmt diesen unmöglichen Platz ein, der gut mit dem von Freud vorgeschlagenen Begriff »unheimlich« beschrieben ist, der wiederum buchstäblich das bezeichnet, was nicht vertraut ist, was nicht zum »Heim«, zum Haus, zum Zuhause gehört. Der Geist ist fehl am Platz bei mir, in mir, und dennoch schafft er gegen meinen Willen eine starke Vertrautheit mit mir. Er ist diese Vertrautheit des Schattens, diese heimliche Intimität. Freud bezieht sich auf ein Zitat von Schelling: »Unheimlich nennt man [a]lles, was im Geheimnis, im Verborgnen […] bleiben sollte und hervorgetreten ist.«[7] Er ist das »fremde Vertraute«.[8]

Der Geist wäre kein anderes in uns, sondern eine heimli che Vertrautheit, die uns selbst verborgen bleibt, diese Fremdheit, die wir als einen Teil von uns selbst entdecken. Daraus erklärt sich auch die Spannung dessen, was J.-B. Pontalis als das »Durchqueren der Schatten« bezeichnet hat. Wir verleihen dabei auch einem fernen Ich, einem versteckten Ich, das sich verkrochen hat, dem Kind, das unfähig ist, etwas zu sagen (das lateinische *infans* bedeutet gleichzeitig *stumm* und *kleines Kind*), wieder Worte: »Wir müssen so manchen Geistern begegnen, so manche Gespenster auflösen, uns mit so manchem Toten unterhalten, so manchem Stummen das Wort erteilen, angefangen bei dem kleinen Kind, das wir noch sind, wir müssen so manche Schatten durchqueren, bevor wir schließlich vielleicht eine Identität finden, die uns, so schwankend sie auch sein mag, hält und uns stützt.«[9]

Wenn wir uns beunruhigen lassen von diesen einstigen

Präsenzen, von ihrem Schweigen oder rätselhaften Flüstern, dann deshalb, weil sie mit dem gestörten Gleichgewicht und der inneren Unruhe, die sie hervorrufen, auch etwas über die Person aussagen, die wir sein müssen. Und sie sagen etwas darüber, wie es ist, uns selbst treu zu sein, was so unmöglich wie notwendig ist, und über die Art der Erinnerung, die uns ebenso verunsichert, wie sie uns Halt gibt.

## Die Vertriebenen

»Der Himmel und die Erde haben ihren Platz behalten,
aber ich, ich kann meinen Platz nicht zurückgewinnen.«

Henri Michaux, *Bras cassé* (›Gebrochener Arm‹)

Kann ich mir einen Platz an dem Ort schaffen, an den mich das Schicksal verschlagen hat? Wenn Krieg, Verfolgungen oder Hunger mich bedrohen, wenn fehlende Zukunftsaussichten und Perspektivlosigkeit mich dazu zwingen, mein Land und meine Familie weit hinter mir zu lassen, wenn eine Katastrophe mich gegen meinen Willen vertreibt und mich ins Exil zwingt? Bin ich nicht zur Sehnsucht nach diesem verlorenen Platz verdammt, zur Sehnsucht nach einer Familie und einer Sprache? Denn das ist genau das, was Vertriebenen fehlt, dieser doppelte Ort, wie Derrida es ausdrückt: der emotionale Kreis und das symbolische Heim der Muttersprache.[1] Die Exilanten, die Vertriebenen wurden durch die Wechselfälle der Geschichte gewaltsam aus diesem Kreis vertrieben. Sich »zu Hause« fühlen mit seinen Handlungen und Gedanken, im beruhigend vertrauten Umfeld, in dem die Bindungen lebendig sind und die Worte unsere Absichten ausdrücken, ohne sie zu verzerren oder Verrat an ihnen zu begehen.

Wir fühlen uns fremd, wenn wir immer ein wenig aus dem Takt, ein bisschen zu spät sind, steif und langsam, unfähig, uns geschmeidig in Gespräche und Bewegungen einzufügen. Uns fehlt die »soziale Grammatik«, mit deren Hilfe wir den rechten Moment erkennen, die kommende Bewegung absehen, an der richtigen Stelle ins Gespräch einsteigen können, dessen unterschwelligen Sinn wir erfasst haben, und gewandt von einer altbekannten Anspielung zur nächsten übergehen. Der österreichisch-amerikanische Soziologe und Autor des Essays *Der Fremde*, Alfred Schütz, vertritt die Auffassung, dass uns die sozialen Codes, die gedanklichen Gewohnheiten und eine bestimmte Vorstellung von der Welt fehlen, die es uns erlauben würden, in Diskussionen einzusteigen, ohne sie zu verlangsamen. Wir können uns in diese häufig »unbespielbaren« sozialen Gebiete nicht einfügen, weil uns ihr praktischer Sinn, ihre unausgesprochenen Regeln und ihre verschlüsselten Probleme entgehen. Was »natürlich« und »selbstverständlich« für den Einheimischen ist, muss der Fremde ständig erst »entwirren«, »erforschen«, damit es nicht mehr »problematisch« ist. Der einfache Alltag ist ein erschöpfendes Abenteuer, eine Dädalusqual. Da sich dem Fremden nicht unmittelbar der Sinn erschließt, wird die Realität zu einem »Labyrinth, in welchem er allen Sinn für seine Verhältnisse verloren hat«.[2] Es bedarf vieler Anstrengungen, um sich an ein neues kulturelles Schema zu gewöhnen, um Orientierungspunkte in einer Welt zu finden, die niemand für uns erhellt.

Doch wie Schütz in einem zweiten Essay mit dem Titel *Der Heimkehrer* analysiert, kann das Heimatland ebenfalls in mir ein Gefühl der Fremde hervorrufen, besonders wenn ich nach langer Zeit dorthin zurückkehre. Die Person, die nach mehreren Jahren des Krieges oder des Exils nach Hause zurückkehrt, findet dort genau genommen niemals ihr »Zuhause« wieder. Die Rückkehr ins Heimatland ist eine unmögliche Rückkehr. Wie der aus Deutschland stammende Philosoph Günther Anders in seinen Tagebüchern treffend erläutert, ist diese Rückkehr »niemals nur die Rückkehr zu einer Stelle im Raum, sondern immer auch zu einer (längst wesenlos gewordenen) Stelle in der Zeit«.[3] In diesem Sinn ist diese Rückkehr nur die wiederholte Erfahrung des Verlusts und des Verschwindens dieser alten Welt. Die doppelte Andersheit, nämlich die des Exilierten, der durch diese Erfahrung verändert wurde, und die des Heimatlandes sowie derjenigen, die dortgeblieben sind, vereitelt jedes Wiederanknüpfen an die Zeit vor dem Bruch.

In seinem Roman mit dem doppelsinnigen Titel *Die Verunsicherten* [*Les désorientés*] – jene, die ihren Orient verloren haben und vielleicht mit diesem ihre Orientierung im existentiellen Sinne – beschreibt der libanesische Schriftsteller Amin Maalouf die widersprüchlichen Gefühle von Adam, einem angesehenen Historiker, der auf Bitten seines im Sterben liegenden Jugendfreundes Mourad in sein Heimatland im Nahen Osten zurückkehrt, das er vor 25 Jahren verlassen hat. Dass Adam sein Land ohne Namen weit hinter sich gelassen hat, liegt daran, dass dieses Land selbst auf gewisse Weise bereits verschwunden war, da es die in es gesetzten Erwartungen verraten hatte. Dieses Land, sagt Adam zu Mourad, ist »sehr viel weiter fortgegangen als er«.[4] Das Land, das uns fehlt, ist jenes, das uns eine Zukunft bot und durch sein Verschwinden jegliche Perspektive, jegliches gemeinsame Projekt zerstört hat. Die Welt der Kindheit zu verlieren ist in gewisser Weise normal, doch die Welt zu verlieren, die einem als Kind versprochen wurde, wird als Verrat empfunden:

> »Dass die Welt von gestern vergeht, liegt in der Natur der Dinge. Dass man eine gewisse Nostalgie für sie empfindet, liegt ebenfalls in der Natur der Dinge. Über das Ver-

> schwinden der Vergangenheit tröstet man sich leicht hinweg; es ist das Verschwinden der Zukunft, von dem man sich nicht erholt. Das Land, dessen Fehlen mich traurig macht und verfolgt, ist nicht jenes, das ich in meiner Jugend kannte, sondern das, von dem ich geträumt habe und das nie das Licht der Welt erblickte.«[5]

In dieser Welt ist keine Verwurzelung in dem Sinne möglich, wie sie die Philosophin Simone Weil versteht, von der Amin Maalouf seinem Buch ein Zitat voranstellt. Es fehlt darin diese doppelte Verankerung in der lebendigen Erinnerung der Vergangenheit und in der dynamischen Intuition einer Zukunft, die das Individuum anspornt und ihm eine aktive Teilnahme am kollektiven Leben ermöglicht. Dieses Land muss unserem Bedürfnis nach einer Verwurzelung gerecht werden, die Kraft aus einem lebendigen Erbe schöpft und fest in der sich eröffnenden Zukunft ankert.

> »Die Verwurzelung ist wohl das wichtigste und am meisten verkannte Bedürfnis der menschlichen Seele. Es zählt zu denen, die sich nur sehr schwer definieren lassen. Der Mensch hat eine Wurzel durch seinen wirklichen, aktiven und natürlichen Anteil am Dasein eines Gemeinwesens, in dem gewisse Schätze der Vergangenheit und gewisse Vorahnungen der Zukunft am Leben erhalten werden.«[6]

Wenn sich dieser Horizont verdunkelt, geht man so wie Adam fort, um an einem anderen Ort eine Welt zu finden, in der man sich einen Platz schaffen kann. Sicherlich weckt die Rückkehr in sein Land in ihm süße Erinnerungen. Adam findet dort Gerüche, Musik, vertraute Akzente wieder, »entdeck[t] die sinnliche Freude, [sich] in [seiner] Heimat zu fühlen«.[7] Aber sein Platz dort ist verschwunden. »In dieser levantinischen Welt, die nicht aufhörte, sich zu verdunkeln, war kein Platz mehr für mich, und ich legte auch keinen Wert mehr darauf, mir einen zu sichern.«[8] Er hat ihn an einem anderen Ort gefunden, in einem Land, das ihn aufgenommen hat und in dem er – die Symbolik ist vielsagend – ein angesehener Historiker wurde. Diese Hinwendung zur Vergangenheit ist Adams Antwort auf die Sehnsucht nach einer verlorenen Zukunft. Zweifelsohne hat er sich zu weit von seinem Land und zugleich von der Person entfernt, die er war, um dort wieder Wurzeln zu schlagen. Das Exil hat ihn zweifellos entwurzelt.

Manche finden nie wieder einen Platz. Sie sind für immer Vertriebene. In seinen Tagebüchern, in denen er sein Leben im Exil in den Vereinigten Staaten und dann seine Rückkehr ins Nachkriegseuropa schildert, beschreibt Günther Anders dieses Umherirren der Emigranten ohne Platz, die er von Immigranten unterscheidet. Wer immigriert, findet am Ende einen Platz, mag er auch bisweilen unbequem sein. Doch seine Vertreibung findet ein Ende, wenn schon nicht in seelischer, so doch zumindest in geographischer Hinsicht. Der Vertriebene hingegen findet nirgends einen Platz, weder in seinem Herkunftsland noch in einem anderen Land, in dem niemand auf ihn wartet. Dort, wo ihn die Wechselfälle der Geschichte Schiffbruch erleiden lassen, gibt es keinen Platz für ihn, niemand wird ihm einen bereiten. Diese Emigranten sind unerwünscht. Sie sind wie unsichtbar:

> »[B]ald wanderten wir, wo immer der Zufall uns hinverschlagen hatte, zwischen Millionen, die uns als Luft behandelten und so *wurden* wir Luft. […] [D]ie Rufe und Geräusche der Welt […] klangen [plötzlich so], als wären sie nur für die Anderen gemeint – kurz: [Es hat wohl keinen unter uns gegeben], der nicht die Erfahrung gemacht hätte, dass er *nicht mehr da* war.«[9]

Diese Menschen sind überflüssig, »Überschuss«,[10] zugleich existieren sie kaum noch. Anders spricht von einem »Existenzverlust«,[11] um dieses innere Gefühl einer Art des Ausgelöschtwerdens, des Verschwindens zu beschreiben, das sie erfasst. Der Vertriebene ist gleichsam ohne Bodenhaftung, ungewollt losgelöst von der Realität der Welt, außerhalb des Stroms der anderen Menschen, außerhalb jeder Teilhabe:

> »Sein Leben lang als Oppositioneller zu leben und *gegen den Strom* zu *schwimmen*, das ist schon schwer genug, aber weder mit dem Strom noch mit den Gegenschwimmern zu schwimmen, und selbst in dieser Vereinsamung nicht einfach indolent zu werden oder zum Überläufer, dazu ist fast niemand fähig.«[12]

Der Emigrant verliert auch den Sinn der Worte, er verliert seine Sprache, ohne sich jemals wirklich eine andere anzueignen. Er ist ein Stammler, schreibt Anders, »sogar in beiden Sprachen«.[13] Die Sprache ist nicht mehr flüssig, sie stockt, hängt in der nervigen Wiederholung wie eine zerkratzte Schallplatte. Seine Muttersprache zu verlieren, wird wie die letzte Erniedrigung erlebt. Die Sprache war, so Anders, »das einzige Stück Zuhause, das sie […] noch *beherrschten*«. Sie zu vergessen bedeutet, einen allerletzten, inneren Platz aufzugeben, es bedeutet, in die »Würdelosigkeit des Stammeldaseins« zu verfallen.[14] Ist nicht der Verlust der Muttersprache der gravierendste Verlust des Zuhauses? Was bleibt jemandem, der ohne Sprache ist? Derrida fragt sich:

> »Stellt sie nicht das Bei-sich-Zuhause dar, das uns niemals verläßt? Das Eigene oder Eigentum […], das der unveräußerlichsten Stätte, einer Art mobilen Wohnstatt, […] unmittelbar an unserem Körper (eine) Statt gäbe. Wäre die besagte Muttersprache nicht eine Art zweiter Haut,

die man an sich trägt, ein mobiles Bei-sich-Zuhause? Aber auch ein unverrückbares Zuhause, da es mit uns wandert?«[15]

Für Anders jedoch hat der Emigrant kein Zuhause mehr. Er ist jeglicher Orientierung und Verankerung beraubt. Er befindet sich außerhalb von Boden, Sprache, Zeit. Er scheint jede Einbettung in die Realität, jede Verankerung in der Dauer verloren zu haben. Die Zukunft liegt »hinter einem«, die Welt hat sich verabschiedet. Wer könnte den Mut haben, »eine noch komplettere Weltlosigkeit auszuhalten als zuvor?«,[16] fragt sich Anders.

Es ist beunruhigend zu sehen, wie aktuell diese Texte von Anders aus der Nachkriegszeit immer noch sind. In seinem letzten Essay mit dem Titel *Brutalisme* (›Brutalismus‹) erinnert Achille Mbembe daran, dass die Erfahrung des Exils das Risiko birgt, zu verschwinden:

> »Fortgehen bedeutet natürlich, sich in Bewegung zu setzen, einen Ort zu verlassen, sich von ihm zu entfernen, die Erfahrung der Distanz zu machen, sich fortzubegeben. Im Akt des Fortgehens steckt auch etwas, das aus der Beendigung der physischen, sichtbaren, unmittelbaren und körperlichen Präsenz herrührt. Fortgehen bedeutet, das Risiko des Verschwindens und der Auslöschung einzugehen.«[17]

Man kann vom Meer verschlungen, in der Wüste im Stich gelassen oder in Camps zusammengepfercht werden. Doch einige verschwinden sogar inmitten der Menge, die sie nicht sehen will. Wie groß auch die persönliche Katastrophe sein mag, die diese Männer, Frauen oder Kinder durchgemacht haben, liegt doch die grausamste Ironie zweifelsohne in der Gleichgültigkeit der Menge ihnen gegenüber, die nicht von Schreckenserlebnissen gezeichnet, sondern an ihrem Platz geblieben ist. Diese Stabilität der Welt beleidigt ihren Schmerz. Man würde lieber in Ruinen leben, die zur inneren Erschütterung passen, als in dieser unerschütterten Kulisse, die stetig an ihrem Platz steht. Anders macht dazu am 19. Juni 1953 eine merkwürdige Feststellung:

> »Widersinnig, sogar unerlaubt: aber was mich heute desorientiert und erschreckt, ist nicht, was fehlt, sondern was aussieht wie eh und je; nicht was verwüstet ist, sondern was geblieben ist.«[18]

## Billige Plätze

Es kommt zuweilen im Leben vor, dass wir auf billigen, unbequemen Plätzen sitzen, von denen aus man die Bühne schlecht sehen kann. Diese Plätze, an denen wir es uns nicht bequem machen können und die wir nur widerwillig akzeptieren, erscheinen uns entwürdigend, erniedrigend. Um zu überleben, akzeptiert Günther Anders während seines erzwungenen Exils in den Vereinigten Staaten verschiedene Tätigkeiten, die seiner universitären Ausbildung bei weitem nicht entsprechen. Als Lagerist oder Requisiteur fürs Kino fragt er sich nach dem Sinn dieser Berufe, die sich so stark von dem akademischen Platz unterscheiden, der ihm offengestanden hätte, wäre die Geschichte anders verlaufen. In einer dieser unstimmigen Situationen wird er durch den Monolog eines Unbekannten herausgefordert. Er scheint ihn wortgetreu in einer Passage wiederzugeben, deren Ausführlichkeit vermuten lässt, dass jene Worte bei ihm einen Widerhall gefunden haben. Sie stoßen jedenfalls auf Resonanz bei denen, die durch unglückliche Umstände im Leben weit fort von den »Orten« verschlagen wurden, die sie anstrebten, oder die Plätzen nachgetrauert haben, für die sie sich bestimmt sahen. Doch auf diesen billigen Plätzen, die mich herabstufen oder herabsetzen, kann ich mir die Illusion bewusst machen, die schon in der Vorstellung von einem Platz liegt, der für mich geschaffen wäre.

Wenn ein Platz genau unserem Maß entspricht, so behauptet der Unbekannte, lernen wir dort nichts:

> »Wer die richtige Frau wählt, der verspielt die Chance der Erfahrung. Wer ›seinen‹ Beruf findet, der bleibt *nur* bei sich selbst. Wer nur auf Klaviaturen spielt, die ihm nach Maß gearbeitet sind, dessen *Finger* lernen nichts mehr.«[1]

Erfahrung ist stets mit Gefährdung verbunden, sie ist eine Reise, die ein gewisses Risiko birgt. Sich perfekt in die Realität einzufügen wie das fehlende Teil eines Puzzles bedeutet, keine Erfahrungen zu machen, sondern sich ihnen zu entziehen. Es bedeutet, sich der Herausforderung nicht zu stellen, sondern sich in einem Loch vor der Realität zu verkriechen. Dieses Leben »nach Maß«, in dem wir glauben, uns so zu »verwirklichen«, ist nach Ansicht des Unbekannten in dem Monolog »falsch« und lehrt uns gar nichts.[2] Das ist die »Kalamität des Glücks«:

> »Nicht als adaequatio (von *res* und *intellectus* oder […] von Komfortwelt und Mensch) verwirklicht sich die wahre Erfahrung, sondern gerade auf Grund der inadaequatio, als deren *collisio*, in der das Fremde *als* Fremdes seine uns völlig unangemessene Macht und Realität anmeldet.«[3]

Wir lernen an jenen unwirtlichen Plätzen mehr über das Leben, als wenn wir brav in der Illusion einer Welt verharren, in der alles nach unserem Maß gefertigt ist. Diese andere Erfahrung einer öderen, schrofferen, unbarmherzigeren Realität öffnet uns die Augen für die Vielfalt menschlicher Erfahrungen:

> »[...] Erfahrung [ist] umso mehr wirkliche Erfahrung [...], je weniger dasjenige, *was* wir erfahren, uns angemessen ist. [...] [D]iejenigen Dinge und diejenigen Umstände, die uns angegossen sitzen oder die wir uns zugeschneidert haben, [berauben] uns der Chance [...], auf Welt zu stoßen, und das heißt doch wohl: Erfahrungen zu machen: Der nach Maß gebaute Schuh betrügt unseren Fuß um die Erfahrung von Wurzel und Stein.«[4]

Wir haben mehr gelernt, besser verstanden, was diese Plätze ausmacht, die andere einnehmen, wenn wir gegen unseren Willen selbst dorthin verwiesen wurden. Dieser unfreiwillige Platzwechsel, bei dem wir uns an ihrer Stelle, *in their shoes*, wiederfinden, öffnet uns die Augen, erweitert unsere Perspektive auf die Welt.

Vielleicht enthüllen wir, wenn wir versagen, wenn etwas schiefgeht, wenn wir danebenzielen, etwas über uns selbst, mit dessen Hilfe wir in der Folge richtig zielen, genau ins Schwarze treffen können. So hätten wir, wie der Philosoph Camille Riquier sehr richtig bemerkt, »unrecht, wenn wir die Fehler eines Menschen verbergen würden, obwohl wir wissen, dass darin auch das Potential für ihre Überwindung liegt. Denn manchmal kommt es vor, dass, wenn wir nur bereit sind, uns unsere eigenen Fehler einzugestehen, uns gerade der Ort, an dem wir abstürzen, die Kraft gibt, uns wieder aufzurichten.«[5] In ähnlicher Weise bringt manchmal das, was wir harmlos »im Vorbeigehen« sagen, heimlich, mit einer Stimme, die später erst fester wird, unsere entschiedenste Absicht auf den Punkt.[6]

Was aber, wenn der Platz, der uns am meisten am Herzen liegt, der wäre, den wir schon immer am meisten gefürchtet hätten? Was, wenn der Ort unseres Absturzes derjenige wäre, der radikal über unsere Existenz entscheidet, an dem sie wahrhaftig beginnt oder von neuem beginnt und ansetzt? Dieser Ort, an dem ein Teil des Lebens zusammenbricht und alles entblößt, an dem der falsche Schein zerstört wird. Was, wenn wir erst auf diesen Trümmern die Stimme der Wahrheit hören würden?

## Zufällig da sein

»Mein Zufall ist mehr als ich.
Eine Person ist stets nur die Antwort auf viele unpersönliche Zwischenfälle.«

Paul Valéry, *Mauvaises pensées* (›Schlimme Gedanken‹)

Vielleicht sind wir nie wirklich an unserem Platz. Weil wir weder Baum noch Berg sind, weder Wurzeln haben noch massives Gewicht, weil wir ebenso sehr durch die Existenz treiben, wie wir uns bisweilen von Liebe oder Angst verankern lassen. Doch weil wir es auch müde sind, dem Horizont nachzueilen, richten wir uns an einem Platz gemütlich ein oder machen einen Zwischenstopp an einem Ort, der uns ablenkt und uns das illusorische Gefühl vermittelt, zu jemand anderem geworden zu sein.

Was, wenn es überhaupt nur flüchtige Plätze gäbe, an denen wir uns für die Dauer einer Aufgabe, einer Ehe oder eines Werks niederlassen würden? Wir wären ausschließlich unterwegs, von einem Platz zum nächsten, in einer spiralförmigen Bewegung wie beim Gänsespiel oder wie im Zickzack unvorhersehbarer Lebenswege. Was uns bliebe, wären die

Energie, die Freude oder die Schwierigkeit der Ortswechsel. Wir sind in Wirklichkeit zweifelsohne Wesen, die unaufhörlich unterwegs sind, die einander mit Gesten, Worten und Emotionen stoßen. Wir prallen aufeinander und schleudern uns ein wenig in alle Richtungen, wie bei einem leidenschaftlichen Murmelspiel.

Gibt es wirklich so etwas wie den einen Platz oder ist es nur das glückliche Schicksal, das uns mit dem Wind oder der Strömung an diesen statt an einen anderen Strand spült? Wenn ich dort lande, geschieht dies vielleicht weniger gezwungenermaßen auf dem vorgegebenen Pfad eines Schicksals als vielmehr durch eine Reihe von Zufällen, durch unvorhersehbare, weitverzweigte Pfade, erschüttert von plötzlichen Anwandlungen und von Rissen durchzogen. Vielfältige, bisweilen gar unbemerkt gebliebene Kräfte haben mich fortgerissen, bis hierher getrieben, weit weg von dem Platz, den ich für meinen hielt. Ich finde mich an einen anderen Ort geworfen, verschleppt. Nicht ich entscheide, sondern die Menge, die mich antreibt und meine Schritte lenkt, der Seegang, der mein Schiff abdriften lässt, das Gedränge, das mich weit von meiner ursprünglichen Richtung fortträgt. Was ich geworden bin, habe ich nicht wirklich entschieden, die Dinge haben sich häufig gegen meinen Willen, den Umständen entsprechend so entwickelt. Ich habe in Wahrheit den Beruf nicht gewählt, den ich ausübe, es waren vielmehr die Wechselfälle des Lebens, die mich direkt zu ihm geführt haben. Wie der Psychoanalytiker Jacques Lacan feststellt: »Ich musste die Zügel erst in die Hand nehmen«:

> »Man nimmt den Platz ein, an den eine Handlung einen treibt, einfach so, von rechts nach links, von hier nach dort. Es haben sich Umstände ergeben, die so waren, dass ich bei dem, wofür ich mich ehrlich gesagt überhaupt nicht berufen glaubte, nun ja, die Zügel erst in die Hand neh-

> men musste […]. Es gibt die Plätze, von denen ich zuerst gesprochen habe, topologische Plätze, die Plätze in der Ordnung des Seins, es gibt den Platz in der Welt. Dorthin gelangt man durch das allgemeine Gedränge. Das lässt letztlich hoffen. Sie sehen, dass Sie nicht nur etwas Glück haben, sondern am Ende immer auch einen bestimmten Platz einnehmen müssen. Das ist alles.«[1]

Diesem Platz, der mir im Lauf der Zeit zufällt, muss ich zweifelsohne nicht so viel Bedeutung beimessen. Ich finde somit meinen Platz im Durcheinander, er ist eher das Ergebnis verschiedener existentieller Umwälzungen als eines festen Willens, einer Bestimmung oder einer kosmologischen Ordnung. Ich bin ein Stück weit aus Versehen da.

Was heißt das? Versehentlich achte ich nicht genug auf den Platz, auf den ich mich zubewege, ich finde mich dort beinahe zufällig wieder, ohne viel nachgedacht zu haben, ohne ihn wirklich gewollt zu haben. Manche werden behaupten, dass ich, gerade indem ich aufhöre, den richtigen Ort zu suchen, an ihm lande. So als ob sich eine Wahrheit oder eine tiefere Orientierung in diesem Unreflektierten und Unabsichtlichen offenbaren würde. Ähnlich wie ich eine Bewegung leichter richtig vollziehe, wenn ich aufhöre, darauf zu achten, wohingegen sie misslingt, wenn ich mich konzentriere. Finden wir uns aus Versehen, irrtümlicherweise, dort wieder, wo wir sind, nur weil wir nicht aufgepasst haben? Würden wir in dieser Gleichgültigkeit schließlich die Gewissheit verspüren, den Platz gefunden zu haben, an den wir uns binden möchten?

Ich hätte mich woanders wiederfinden können, an irgendeinem anderen Ort. Doch ich sage mir lieber, dass ich für diesen hier geschaffen bin. Umgekehrt kann ich überrascht sein, dass ich mich dort gut fühle, wo ich gedacht hätte, hilflos zu sein. Wenn ich zum Beispiel Mutter oder Vater werde, ohne dass ich es wirklich wollte. Wenn ich Gefallen an einem Beruf finde, den ich mir nicht ausgesucht habe. Manchmal zwingen sich uns Plätze auf, weisen uns eine Identität zu, die wir spontan zurückgewiesen hätten und in der wir uns dann dennoch an unserem Platz fühlen bzw. uns einen schaffen. Zähmen wir diesen neuen Ort oder bringt er ein Begehren zum Ausdruck, von dem wir nichts wussten? Können wir wirklich wissen, welcher Platz der unsere ist? Vielleicht gibt es nicht den einen, sondern mehrere mögliche Plätze, die zu unserer Veranlagung passen, wie wenn in einem Kindersteckspiel der Zylinder in das runde Loch passt, aber auch, was eine stets erstaunliche Entdeckung darstellt, in das rechteckige. Manchmal müssen wir unser Leben drehen, damit es sich perfekt in einen ganz anderen Ort einfügt, damit es sich für einen neuen Raum öffnet.

## Zugvögel

»Jeder Mensch trägt ein Zimmer in sich.«

Franz Kafka, *Die Acht Oktavhefte*

Die Vorstellung, dass es eines eigenen, nur uns selbst vorbehaltenen Ortes bedarf, ist verbreitet. Der Traum von einem »Zimmer für sich allein« verbindet sich gemeinhin mit der Idee von Autonomie, der freien Verfügung über seine Zeit und seine Aktivitäten. Wir erträumen oder stellen uns einen Raum vor, der nur uns allein gehören würde und an dem wir wie Descartes an seinem Ofen oder Montaigne in seiner »Bücherei« frei von äußeren Einflüssen und Zwängen wären. Stellt dieser Besitz wirklich die Bedingung für die Wiederaneignung des Selbst dar?

Es geht weniger darum, einen *eigenen* Ort zu besitzen, als

vielmehr darum, einen gesonderten Ort zu haben, der zugleich ein Ort *an sich* ist. Ein Ort, der sich für eine bestimmte Art von Aktivität eignet, der mich aller Verpflichtungen entledigt, an dem ich meine Kreativität und mein Denken frei ausüben kann. Der Irrtum besteht zweifellos darin, dass man der Natur eines realen Ortes selbst übermäßige Bedeutung beimisst. Wir müssen uns ebenso sehr einen Raum in unserem Inneren erschaffen, wie wir einen materiellen, konkreten Ort außerhalb von uns brauchen. Ein schönes Büro oder ein großes Atelier reichen nicht aus, um eine geniale Idee zu haben. Meisterwerke sind selbst an kleinen Kaffeetischen, in feuchten Verschlägen, tief unten im Kerker geschrieben worden. Ohne so weit gehen zu müssen, tun es auch eine Stadtbibliothek, ein Hotelzimmer oder ein Sitzplatz im Zug. Es könnte sogar sein, dass unpersönliche Übergangsorte sich besser eignen als solche, deren Vertrautheit uns eher blockiert und verlangsamt.

Im Gegensatz zu einer Theorie des »eigenen Ortes« ist man versucht, stattdessen zu behaupten, dass die Neutralität bestimmter Orte uns entlastet und dezentriert. Vielleicht muss ein Raum mich von mir selbst befreien, wozu ein »eigener« Ort einfach nicht in der Lage ist, an dem jedes Ding nichts anderes tut, als bis zum Überdruss die Gewohnheiten des Selbst zu wiederholen. Dieser Ort muss mich vom Vertrauten befreien und mir helfen, neu zu denken, er muss mich ein wenig ins Schleudern bringen oder mich »reinigen«, muss Platz schaffen. Muss mir augenblicklich und symbolisch einen freien Platz, eine leere Seite, einen unberührten Raum bieten. Fremde oder gleichgültige Durchgangsorte bieten mir den Rahmen, um mich selbst zu vergessen und mich von mir selbst abzulenken. Die Neutralität dieses Rahmens beeinflusst nicht mein Denken, sondern setzt es frei. Gut möglich, dass man auch einen Ort braucht, »an dem man nicht ist«, sondern »im Urlaub von sich selbst« wäre.[1] Wir könnten also auf Durchgangsorte setzen, um uns von der Last der Gewohnheit zu befreien, könnten an Orten ohne Geschichte unsere eigene auf andere Weise schreiben.

In einem Radiointerview im September 1981, einige Monate vor seinem Tod, stellte Perec seine Liste mit den fünfzig Dingen vor (er beschränkte sich auf 36), die man nicht vergessen sollte zu tun, bevor man stirbt. Unter den »Dingen, die mit tiefen Wünschen verbunden sind«, erwähnt er die Vorstellung, »im Hotel in Paris zu wohnen«. Warum sollte man Tourist in der Hauptstadt spielen? Ohne für Perec sprechen zu wollen: Weil man erwarten darf, dass man ins Hotel nur wenig von sich selbst mitnehmen muss, weil man Räumen entfliehen kann, die man in- und auswendig kennt und deren Einzelheiten unsere Gedanken automatisch lenken. Im Hotel leben, um den Eindruck zu haben, jeden Morgen wieder bei null anzufangen, mit fast nichts, jemand Neues zu sein, an fast nichts gebunden zu sein. Sofern das Hotel keine Geschichte hat, ermöglicht es jedem, seine eigene Geschichte neu zu schreiben mit der Anonymität und der Leichtigkeit einer Person, die sich dort ohne Koffer niederlässt. Ich mag Hotelzimmer, weil sie, ob bescheiden oder luxuriös, bei mir immer dieselbe Wirkung hervorrufen. Sie gehören niemandem, an den Wänden hängt kein Porträt, es gibt keine Spuren einer Vergangenheit, die über einen Wandschmuck hinausgingen. Das Hotelzimmer ist immer sehr viel neutraler, als man mich glauben machen will, es bleibt immer ohne Identität, trotz aller Versuche, es persönlicher zu gestalten; in Wahrheit ist es nur ein Raum, der dazu da ist, jede x-beliebige Person zu beherbergen. Und weil ich dank dieses Zimmers zu dieser x-beliebigen Person werde, kann ich dadurch sogar zu jemand anderem werden. Ich träume nicht von einer Insel oder einer Hütte, sondern von einem nomadischen Leben, in dem ich von einem Zimmer zum nächsten ziehe und mich bei jedem Zwischenstopp wieder erneuere.

In dem ich inkognito bin, in der Fremde lebe, um durch nichts verpflichtet zu sein und zu verschwinden, wenn die Orte allzu vertraut werden. Um wieder anonym zu werden, ohne Identität, ohne Vergangenheit.

Zweifelsohne gibt es ähnlich wie diese neutralen Orte auch andere, die uns helfen, uns von einem bestimmten Bild zu befreien oder ein neues anzunehmen und wir selbst zu werden. Diese Wandlung lässt sich nicht überall vornehmen. Damit ein physischer oder psychischer Ort sie ermöglicht, muss er einen Raum bieten, in dem sie sich entfalten kann. Es kann sich dabei auch um vertraute Orte handeln, die sich durch eine zeitliche Verschiebung aus einem ungewohnten Blickwinkel präsentieren. Diese leichte Verwirrung bewirkt, dass wir diese Orte anders betrachten. Das mag dieselbe Stadt sein, aber menschenleer am frühen Morgen, sehr zur Freude der *early birds* oder auch der Nachteulen; derselbe Strand, aber mitten im Winter. Perec versuchte, die Räume auszuschöpfen,[2] wir können unsererseits versucht sein, uns selbst »auszuschöpfen«, indem wir das Ungewohnte erleben, um zu sehen, ob sich durch diese veränderte Perspektive nicht etwas auftut.

Wir werden ähnlich wie Zugvögel stets von anderen sonnigen Zielen angelockt. Doch es handelt sich dabei nicht um eine Flucht oder eine einfache Abfolge von Zwischenstationen. Es kommt auf die Begegnungen an, auf die Orte oder Räume (Städte, Wüsten, Bücher, Musik), die das in uns erzeugen, was uns außer Atem bringt: den Elan der Neuheit, die Kreativität, das Auftauchen des völlig Neuen. Es geht darum, durch das Eintauchen in diesen realen oder symbolischen Raum den Kreis, der uns bestimmt, ein Stück weit zu öffnen:

> »Jetzt endlich öffnen wir den Kreis ein Stück weit, wir öffnen ihn, lassen jemanden eintreten, rufen jemanden, oder

> aber wir treten aus ihm heraus, machen uns auf. […] Wir machen uns auf, riskieren eine Improvisation.«[3]

Wir müssen uns auch von dem Traum von einem eigenen Platz verabschieden, der wie ein Besitz, ein exklusiver Raum, ein fester Platz verstanden wird. Die Gefahr besteht gerade darin, dass man sein Terrain einhegt, wie schon Rousseau feststellte. Die Frage nach unserem Platz, die auch die nach unserer Identität umfasst, muss getrennt vom Besitz, von Habseligkeiten betrachtet werden. Unser Raum liegt im Inneren. Wir tragen ihn in uns. Doch als lebendiger und formbarer Raum läuft er Gefahr, zu schrumpfen, wenn ihn kein Traum von anderen Orten nährt. Wir brauchen vielleicht nur einen neutralen Bereich, ein unbestimmtes Terrain oder einen unberührten Raum, um diesen Platz in uns zu schaffen.

## Vertraute Klänge

> »Das Zuhause existiert nicht bereits im Voraus: Man muss erst einen Kreis um die zerbrechliche und ungewisse Mitte herum ziehen, einen begrenzten Raum ordnen.«
>
> Gilles Deleuze und Félix Guattari, *Tausend Plateaus* [*Mille Plateaux*]

Und dennoch. Wie die Tiere deuten wir mit Hilfe von feinen oder nicht wahrnehmbaren Zeichen die Umrisse unseres Territoriums an. Wie sie markieren auch wir sie manchmal. Als wir klein waren, zeichneten wir sie mit den Fingerspitzen in den Sand, mit Kreide auf den Asphalt. Jeder zieht einen Kreis um sich herum, und sei er unsichtbar. Das im Dunkeln verängstigte Kind beruhigt sich, indem es anfängt zu singen. Es schützt sich mit dieser Melodie, findet sich mit ihrer Hilfe zurecht. Sie ist »wie der Entwurf einer stabilen und ruhigen Mitte, stabilisierend und beruhigend, inmitten des Chaos«, erklärt uns Deleuze.[1] Der Gesang, die Musikalität, die Klangfarbe der Menschlichkeit machen Räume weniger kalt, weniger beunruhigend. Sie geben ihnen eine Form, wenn sie sie verloren haben (so wie in der Dunkelheit der Nacht). Wenn wir das Radio oder den Fernseher eingeschaltet lassen, wenn wir uns mit einer Flut von Worten und Tönen umgeben, wenn im Fahrstuhl eigens Musik abgespielt wird, dient das genau dazu, einen womöglich beängstigenden Raum durch vertraute Klänge, Stimmen und ebenso viele Spuren der Präsenz zu verändern.[2] Wir umhüllen uns unablässig mit Klängen, die uns beschützen und unser Territorium begrenzen. Wir müssen uns sehr sicher fühlen oder großes Vertrauen empfinden, wenn wir einen Raum oder ein Treffen mit keinerlei Geräuschen einhüllen, sondern ruhig die herausfordernde Stille aushalten.

Wenn ich über meine Kopfhörer Musik höre, tue ich das nicht nur, um in meiner Blase zu bleiben und mich aus der Welt zurückzuziehen, sondern auch, um den Mut aufzubringen, in die Welt vorzustoßen, wenn sie in sich hermetisch abgeschlossen und kein Eindringen zuzulassen scheint, so dass sie mich weit fort von sich stößt. Ich versuche so, ihr ein wenig Vertrautheit einzuflößen. Manche Territorien erscheinen mir feindlich. Die Musik macht sie weniger beunruhigend. Wenn ich sie mit Musik oder einem Rhythmus überlagere, kann ich mich ihnen nähern, sie umgänglicher machen.

Wir ziehen unablässig Kreise um uns herum, kaum wahrnehmbare Mauern aus Klängen oder Emotionen, psychische Grenzen, die uns beruhigen und durch Markierungen das Meine von dem des anderen, das Vertraute vom Fremden unterscheiden. Diese Kreise zeichnen wir an verschiedenen Orten unseres Lebens immer wieder aufs Neue. Wir nehmen bewegliche Plätze ein, unsere Territorien sind nicht im Boden verankert, unser soziales Leben und unser Gefühlsleben sind nomadenhafter, als es unsere geographischen Fortbewegungen vermuten lassen. Was hat sich in Cergy oder in Kyoto in mir verändert? Unsere inneren Bewegungen erschaffen panische, absurde Kartographien, hektische Seismographenausschläge. Sobald wir unsere »*piazza rassurante*«,[3] unseren kleinen vertrauten Platz verlassen – sei er nun geographischer, sozialer, emotionaler, bewusster oder unbewusster Natur –, zeichnen wir neue Kreise, eignen uns weitere Räume an.

## Nachdenken über Fortbewegung

»Was wäre ein Gedanke, der die Fortbewegung nicht beachten würde? Ein Gedanke, der uns auf der Stelle treten lassen würde. Es wäre ein Gedanke, der wollen würde, dass die Dinge so sind, wie er sie denkt, ein wenig großzügiger Gedanke gegenüber dem unendlichen Reichtum der Bedeutungsvielfalt der sinnlichen Welt.«

J.-B. Pontalis, *Traversée des ombres* (›Durchquerung der Schatten‹)

In seinem Text *Von anderen Räumen* [*Des espaces autres*] betrachtet Michel Foucault in einem kurzen geschichtlichen Abriss über die Vorstellung des Raums das Problem des Platzes oder des menschlichen Standorts als die Frage unserer Zeit: Wir befinden uns, führt er aus, »in einer Epoche, in der sich uns der Raum in Form von Lagebeziehungen darstellt«.[1] Er betont, es handele sich zugleich um ein demographisches Problem und ein »Problem zu wissen, welche nachbarschaftlichen Beziehungen, welche Art von Speicherung, Zirkulation, Verortung und Klassifizierung menschlicher Elemente gewählt werden sollten«. Als Foucault diese Vorlesung im Jahr 1964 hielt, war der Raum noch nicht völlig desakralisiert, die Unterscheidungen zwischen öffentlichem und privatem, familiärem und sozialem, persönlichem und beruflichem Raum bestanden noch. Heute sind die Grenzen nicht mehr nur porös, sondern sie verflüchtigen sich in einer Dynamik, die die neuen Technologien der Distanz ermöglicht haben und die Covid-19-Pandemie noch beschleunigt hat. Die Plätze überlagern sich. Die berufliche Sphäre fällt in die private ein, sie lädt sich in unser Wohnzimmer oder gar ins Schlafzimmer ein. Es vermischen sich die Räume, Rollen und Persönlichkeiten bzw. Identitäten; die richtige Distanz, die in der Natur einer Beziehung zum Ausdruck kommt, wird schwieriger zu ermessen und zu erhalten. Das Privatleben selbst überschreitet die Grenzen des Zuhauses, es präsentiert oder produziert sich in virtuellen Welten, in denen die Logik der Utopie wiederanzuklingen scheint, die Foucault beschrieb, als er vom Spiegel sprach: »Ich bin dort, dort, wo ich nicht bin.«[2] Wir können seine Worte wieder aufgreifen und feststellen, wie passend sie doch immer noch erscheinen, um dieses Abwesendsein von der Welt und von sich zu beschreiben, diese Derealisation, die die Vervielfältigung virtueller Avatare mit sich bringt. Wie der Spiegel macht auch das virtuelle Bild »diesen Platz, den ich in dem Augenblick einnehme, in dem ich mich [im Spiegelglas, schreibt Foucault / auf diesem Bild, sind wir versucht zu sagen] betrachte, gleichzeitig absolut real [...] und absolut virtuell«. Wir flüchten uns in diese utopischen Räume, Räume der »Kompensation«, die so »perfekt und wohlgeordnet« sind wie »der unsere ungeordnet, schlecht eingerichtet und chaotisch ist«.[3] Diese illusionären Räume, die Foucault noch nicht kannte, doch über die wir mit seiner Hilfe nachdenken können, sind unsere trügerische Antwort auf »alle inneren Plätze, von denen das menschliche Leben abgetrennt ist«.

Nachdem Foucault bei seiner Analyse des Raums »Bachelards – großartiges – Werk« gewürdigt hat, grenzt er sich von ihm ab. Er kündigt an, den äußeren Raum zu untersuchen,

»in dem unser Leben sich langsam abnutzt«, der »uns aufreibt und zerfurcht«, den Raum der Politik und des Sozialen, der uns nicht unversehrt lässt; nicht den Raum des Inneren, der Intimität und der Gefühle. Wir haben in diesem Buch zu zeigen versucht, inwiefern es sich lohnt, diese Unterscheidung eines äußeren Raums, der verletzt, von einem inneren Raum, der tröstet, zu überdenken. Innere wie äußere Räume werden von Erschütterungen und Spannungen durchdrungen. Es scheint uns, dass sie so weit wie möglich zusammen betrachtet werden müssen, wenn wir über die Frage nachdenken, welchen Platz wir einnehmen und nach welchem wir streben. Unser jeweiliger Standort, unsere geographische, soziale und politische Situation, die Gewalt, mit der wir bisweilen gegen unseren Willen in ein soziales Abseits in Einrichtungen, Kliniken oder Seniorenheimen verwiesen werden, oder auch die gar nicht so belanglose soziale oder familiäre Symbolik, mit der wir in einer Sitzordnung platziert werden; all diese Bausteine sagen etwas über den Platz aus, den wir anstreben können, der für uns in dieser Welt reserviert, uns gewidmet oder verboten ist – und auch sechzig Jahre später ist diese Welt noch immer ungeordnet, schlecht eingerichtet und chaotisch.

An diesem Platz, nach dem ich strebe, an diesem Ort, der so real wie innerlich ist und an dem ich mich an meinem Platz fühle, überschneiden sich teilweise, ohne jemals zusammenzufallen, die Kreise der von mir beanspruchten Zugehörigkeiten, meiner »Besitztümer«, die flexibel und für Begegnungen wie Ereignisse offen sind. Wir finden unseren Platz nicht, ohne uns in einen sozialen Raum einzufügen, wir fühlen uns unwohl an einem Platz, der uns nur zugewiesen wurde, wir wechseln die Plätze im Lauf des Lebens. Letztlich ging es ebenso sehr um die Fortbewegung wie um den Platz.

Doch da bisweilen auch an unserer Stelle gesprochen wird, ging es außerdem darum, mit eigener Stimme zu sprechen, seinen Platz zu beanspruchen, seine Existenz zu bejahen,

»voll da zu sein« und seinen Platz auszufüllen. Wir eignen uns einen Platz mit unserer Stimme an. Das Territorium ist, wie uns Deleuze gelehrt hat, auch und vielleicht vor allem eines der Klänge. Dort, wo ich sprechen kann, wo ich meine Stimme erhebe, reklamiere ich mein Recht auf einen Platz, ich schaffe mir einen, erobere ihn.

## Brauchen wir einen Platz?

»Der schlimmste Platz, den wir einnehmen können, ist der in uns selbst.«

Montaigne, *Essais*

Es könnte sehr klare Regeln geben: Jeder hätte seinen eigenen Ort, seinen *topos*, je nachdem, welches Element bei ihm überwiegt. Wäre man erdverbunden, würde man sich im Boden verwurzeln; wäre man ein himmlisches Geschöpf, erhöbe man sich in die Lüfte, notfalls auch in die Berge.[1] Oder man wäre wie geschaffen dafür, sich auf dem Wasser aufzuhalten, stets im labilen Gleichgewicht; nur wenn man ein Feuerwesen wäre, wo würde man dann leben?

Dass wir von einem Platz träumen, einem klar bestimmten Ort, der uns entspräche und uns zugleich zum Ausdruck bringen würde, verrät mehrere Beunruhigungen: das Umherirren, das uns zerbrechlich macht, die Unbestimmtheit unserer Existenz, die grundlegende Unentschlossenheit unseres Seins. Wenn ich mir einen stabilen Ort wünsche, wie es Georges Perec formuliert, dann weil ich den Wechselfällen einer bedrohlichen Geschichte entkommen möchte, dem Gefühl des Verlassenseins, das ein mich in Schranken haltender Raum besänftigen könnte, der Verletzlichkeit des Menschen, vor der ihn kein Haus schützen kann. Weil ich dem Gefühl entgegenwirken möchte, dass »der Raum zerfließt, wie der Sand zwischen unseren Fingern zerrinnt«[2]. Wir brauchen einen realen oder imaginären Platz, an den wir uns kauern können. »Jeder braucht ein Nest. Jeder hat in seinem Haus ein solches Fleckchen«, befand Gaston Bachelard.[3] Und das vielleicht ganz besonders in einer schwankenden oder unbeständigen Welt, einer Welt, die unter unseren Füßen wegzubrechen scheint. Doch es liegt auch daran, dass unsere Existenz »amorph und unentschlossen«[4] scheint, dass wir von bestimmten Räumen erwarten, dass sie uns einen klaren Rahmen bieten, unsere Umrisse zeichnen, uns festigen. Ich schlüpfe in eine Funktion, an einen gesellschaftlichen Platz, damit mir dieser meine Abgrenzungen vorgibt und ich meine Bestimmung von außen erhalte. Dieser Platz gäbe einem vagen Ich seine Form. Doch er scheint nichts über mich auszusagen, außer dass ich in einem widersprüchlichen Spiel um Plätze gefangen bin, in dem jeder, wie in einem Theaterstück von Marivaux, sich als jemand ganz anderes erweisen könnte als die Rolle, die man ihm in dieser sozialen Komödie verliehen hat.

Wenn wir derart durch zufällige Geburt, geschichtliche Zwänge und Schicksalsschläge an bestimmte Plätze gefesselt sind, werden sie zu einer Last oder einem Gefängnis. In starren, hierarchischen Gesellschaften erstarrt »[d]er Raum [...] zu einem Netz von undurchlässigen Zellen. Jeder ist an seinen Platz gebunden. Jeder ist in seinen Käfig eingesperrt, jeder an seinem Fenster, bei Nennung seines Namens antwortend und zeigend, worum man ihn fragt [...].«[5] Um dieser unerbittlichen Topographie des sozialen Raums zu entkommen, in der man endlos auf denselben, am wenigsten wertgeschätzten Plätzen verharren kann, oder auch aus Entsetzen angesichts dieses abgekarteten Spiels, brechen einige aus dem Rahmen aus, nehmen Reißaus. Sie flüchten, um einem bereits vorbestimmten Platz oder gar der Vorstellung eines

Platzes, der als Inbegriff der Einsperrung konzipiert ist, zu entfliehen.

Doch man kann das Bedürfnis nachvollziehen, die vorgesehenen Felder zu verlassen, sei es, um frische Luft zu schnappen oder um sich aus zu engen Räumen zu befreien. Es fällt nicht schwer, die Plätze zu bestimmen, die wir gerne hinter uns lassen würden: solche, die abwerten, stigmatisieren, uns unsichtbar machen. Solche, die wir ungewollt erben, die niemand will, auf denen man nicht weiterkommt, die uns schon im Voraus verurteilen. Wie gewalttätig eine »normale« Welt ist, in der »jeder an seinem Platz« bleibt, ist hinlänglich bekannt. Eine Welt, in der uns jedes Schlingern, jedes Ausweichmanöver wie in einer griechischen Tragödie wieder einholt. Mit dieser Gewalt und Undurchsichtigkeit der heutigen Gesellschaft sind bestimmte soziale Gruppen konfrontiert, wie das »Mädchen, das man ruft« [*La Fille qu'on appelle*], in dem Gesellschaftsroman von Tanguy Viel[6] – und all jene, die hoffen, ihrer Situation zu entkommen, oder jene, die überleben wie müde Boxer im Ring, die vergeblich bis zur Erschöpfung kämpfen.

Fortgehen bedeutet zu hoffen, dass man sich einen anderen Horizont eröffnen oder seine eigene Haut retten kann. Doch es gibt keine Garantie dafür, dass man der Zuweisung entkommt. Wie die Philosophin Barbara Cassin in ihrem Essay über Nostalgie sehr richtig feststellt, »weiß man seit Odysseus, dass jede Odyssee die Erzählung über die Zuweisung einer Identität« ist.[7] Egal, wie weit ich geographisch oder symbolisch fortgehe, diese Reise könnte nur ein langer Umweg sein, der mich zu mir selbst zurückführt und zu meiner großen Verwunderung meine Verwurzeltheit bestätigt. Weil sich diese Plätze, die ich einst einnahm, in meinen Körper, mein Gedächtnis, eingraviert haben, stelle ich manchmal fest, dass ich, ohne es zu wollen, an Orte oder Räume gefesselt bin. Solcher Art ist das »Gefühl von Heimat«, das

Jean-Christophe Bailly in seinem Essay *Fremd gewordenes Land* [*Le dépaysement*] anspricht. Manchmal bin ich Tausende von Kilometern von zu Hause entfernt, wenn sich dieses *Zuhause* mir als etwas zutiefst in mir Verankertes aufdrängt. Bailly macht selbst die Erfahrung, als er nach New York geht und Filmaufnahmen von Sologne sieht: Er entdeckt »inmitten eines Fluchtplans [...] ein Gefühl der Heimat«, das heißt das Gefühl einer Zugehörigkeit und einer Vertrautheit zugleich.[8] Die »Materie« des Ortes, seine neblige Luft, seine Flusslandschaften, seine Gesichter und Stimmen – der Autor kennt »jede einzelne Faser von ihnen«. Schlimmer noch, erklärt er, »er [kommt] von dort«. Wir sind aus dem Stoff dieser frühen Orte gewebt, durchdrungen von den Stimmen und Gefühlen der Kindheit, die in uns widerhallen.

Dieser Urstoff, diese intimen Spuren vertrauter Orte bleiben spürbar. Die ersten Emotionen, die zurückkehren, wenn wir denken, dass wir sie hinter uns gelassen haben, die Orte, die aus der Vergangenheit auftauchen, haben eine Macht, die uns manchmal übersteigt. Wenn dieses emotionale Material die Form einer Sehnsucht annimmt, überwältigt und beraubt sie uns. Sie ist also zugleich das, was uns an frühere Orte zurückbringt, die wir vor langer Zeit verlassen haben, und was uns von neuen Plätzen vertreibt, die wir gewählt hatten. Wir befinden uns in den Erschütterungen eines Lebens, das seine Wege fortsetzt, indem es sie unterteilt. Wir werden von der Sehnsucht vertrieben, wie es im Übrigen sicherlich immer in unserem Inneren geschieht, bei diesem seelischen Abenteuer. Die Illusion eines festen Platzes hält der Erfahrung unserer Nächte und der Traumaktivität nicht stand, die unablässig etwas bewegt, verdichtet und Zeitlichkeit, Identitäten und Räume verspottet. Der Traum ist Bewegung. Müssen wir fürchten, uns darin zu verlieren?[9] Wir sind darin vielleicht lebendiger als im Wachzustand.[10] Unser Seelenleben entsteht aus diesen ständigen inneren Bewegungen, diesen Spannungen zwischen den Polaritäten. Die Topik des Unbewussten ist eine dynamische Topologie, in der sich das Individuum stets an mehreren Orten gleichzeitig befindet. Wir sind zweifellos niemals in uns selbst an unserem Platz.[11]

> »Wir sind, wo wir nicht sind.«[12]

Vielleicht ist das so, weil wir, weit grundlegender, stets über den Ort, an dem wir sind, hinausgreifen, ihn überschreiten, woanders sind. »Das Hier-sein wird durch ein Sein, das woanders ist, gestützt.«[13] Und was wäre, wenn das, dem wir zu entkommen versuchen, diese »Unschlüssigkeit des Seins«,[14] diese inneren Gezeiten, letztlich unsere Essenz ausmachen würden? Stellt dieses Dazwischensein eine Zerrissenheit oder ein dynamisches Gleichgewicht dar? Ist es nicht die fröhliche Form unserer Freiheit, von einem Bein aufs andere zu treten, wie Descartes es für sich in Anspruch nahm?

> »Indessen finde ich meine Lage, da ich mich mit einem Fuß in dem einen Land und mit dem anderen im anderen halte, insofern sehr glücklich, als sie frei ist.«[15]

Wir brauchen zweifellos mehrere Räume, um darin zu leben und uns frei zu fühlen,[16] wir brauchen weitere Durch- oder Übergangsorte, an denen wir uns von einem Teil unserer Selbst lösen, Orte, an denen die Müdigkeit oder Routine, wir selbst zu sein, von uns abfällt. Vielleicht sollten wir uns gar keinen Platz wünschen, sondern uns darüber freuen, dass wir keinem Ort angehören, dass wir nirgends verankert sind. Dieses Fehlen eines eigenen Ortes würde also nicht wie ein schmerzhafter Mangel erlebt werden, sondern wie eine Freiheit. Wäre es nicht die schlimmste Strafe, endgültig auf einen einzigen Platz verwiesen zu sein? Montaigne zufolge ist »der schlimmste Platz, den wir einnehmen können, […] der in uns selbst«.[17] Fühlen wir uns nicht leichter, wenn uns neue Plätze verwandeln? Unser Sein drückt sich eher im Drang aus, in der Bewegung, als in der Sesshaftigkeit, im Bleiben, im Besitz.

Dieses Anderswo findet sich auch in uns. Die Bewegung kann die Form eines inneren Schwankens oder Durchbrechens annehmen, das wiederum einen Raum in mir auftut, der andere aufnehmen kann. Man stelle sich also einen inneren Platz vor, der größer ist als der Raum, den ich darin einnehme. Ein flexibler Platz, der sich ausdehnen könnte, ein Platz, der nicht nur meiner wäre, sondern an dem ich die anderen verstehen und erfassen könnte. Ich kann mich nicht immer in die Lage des anderen versetzen, es gibt unersetzliche Plätze, unvorstellbare Erlebnisse. Unsere Plätze sind nicht immer untereinander austauschbar. Ich kann nicht deinen Schmerz auf mich nehmen, kein Kind an deiner statt austragen[18] oder Leid für dich ertragen. Ich kann dir nicht den Rest meines Lebens, meine Energie geben, weder meine Lebensfreude noch meine Hoffnung auf dich übertragen. Wir sind in diesen Fällen radikal voneinander getrennt, unfähig, die zu unterstützen oder zu retten, die uns am meisten bedeuten. Im Glück wie in der Tragödie sind sie gleichermaßen unersetzlich.

Doch ich kann in mir auch Platz für jemand anderen lassen, für seine Erfahrungen, seine Art zu denken, seine Gefühle. Das ist der tiefe Sinn, den Bergson dem gibt, was er die »Höflichkeit des Herzens« nennt, womit er jene Diskretion, jenes Sichzurücknehmen bezeichnet, das unserem Gesprächspartner genügend Platz lässt.[19] Wenn wir somit den Standpunkt einer anderen Person einnehmen, uns in ihre Position hineinversetzen, zeugt dies nicht nur von Großzügigkeit, sondern es bedeutet auch, unser Leben zu intensivieren, tausend Leben zu leben durch die Leben anderer, die nicht mehr außerhalb von uns stehen und uns fern sind, sondern nah, spürbar. Es ist nicht mein Leben, doch ich kann mich für einen Augenblick in die Lage einer anderen Person versetzen und sie besser verstehen, sie begleiten, mich um sie kümmern. Weil ich mich in ihre Lage hineinversetzt habe oder genauer gesagt, weil ich ihren Platz verinnerlicht habe, weil er sich zu all den Plätzen hinzugesellt, die ich in der ersten Person erlebt habe, bereichert er mich, anstatt mich zu überwältigen oder mich zu überlasten. Diese Leben der anderen, der Lebenden wie der Toten, realer Personen wie fiktionaler Figuren, nehmen durch einen Identifikationsprozess, der unserem Leben seine Tiefe verleiht, ihren Platz in uns ein.

Inwieweit wählen wir unseren Platz selbst? In welchem Maße darf uns der Ort, an dem wir uns durch Zufall befinden, oder jener, der uns durch Autoritäten zugewiesen wurde, bestimmen? Wir können uns mit Montaigne fragen, ob wir uns wie das Chamäleon damit abfinden wollen, die Farbe des Ortes anzunehmen, an dem wir uns befinden, oder ob wir uns eher wie der Krake den jeweiligen Umständen entsprechend selbst die Farbe geben, die uns gefällt.[20] Das Chamäleon verändert sich passiv-erduldend, der Krake aktiv-handelnd, so schließt der Philosoph. Sich »die Farbe geben, die uns gefällt«, kann bedeuten, sich nicht passiv an den Ort anzupassen, sondern vielmehr durch unser verändertes Erscheinungsbild den Rahmen zu schaffen, anstatt nur in ihm aufzugehen. Indem wir Sichtbarkeit akzeptieren oder Undurchsichtigkeit schaffen. Uns zeigen oder verschwinden. Indem wir nicht den Ort über die Art und Weise unserer Anwesenheit entscheiden lassen, uns nicht durch den Rahmen beherrschen lassen. Indem wir nichts erleiden und, statt das zu werden, wozu die Ereignisse uns machen, über die Umstände entscheiden, an bestimmte Orte gehen, damit sie die erwünschte Wirkung auf uns ausüben. Ist es nicht an uns, die realen oder symbolischen Möglichkeiten eines Ortes zu erproben?

Gibt es also für jede Person einen richtigen Platz oder eine Abfolge von Plätzen? Zweifelsohne brauchen wir, um uns am richtigen Platz zu fühlen, Glück und Ausdauer, Mut und vielleicht auch eine gewisse Gedankenlosigkeit. Es gibt Züge, die uns auf dem Schachbrett der Plätze misslingen, Windböen, die Spielfiguren mitreißen, Wutausbrüche, die sie vom Brett fegen. Doch es gibt kein Spiel ohne Bewegung, nach vorne, diagonal oder zurück, so wie es auch kein *Ich* ohne Umwege und Verzweigungen gibt. Unser Platz ist der, der all die Erschütterungen und Ausbrüche dieser inneren Bewegungen, dieser Impulse, Fixierungen und Vergänglichkeiten in sich trägt.

Manchmal müssen wir dem Wind folgen, mit den Strömungen abdriften oder uns verlaufen, um auf einem anderen Weg zurückzukehren. Der kürzeste Weg ist nicht unbedingt der, der uns dorthin führt, wo wir hinwollen. Im Übrigen wissen wir auch gar nicht sicher, wohin wir gehen sollen. Wir begeben uns nicht immer so leichtfüßig auf einen schmalen Grat. Es kann passieren, dass wir uns unbeholfen verhalten. Wir erreichen nicht zwangsläufig unser Ziel. Oder wir stürzen, wenn wir dort angekommen sind, zu schnell ab. Das ist eine andere Art, das Ziel zu verfehlen, uns zu verfehlen. Wir können lange Zeit um einen Ort kreisen, bevor wir ihn zu unserem machen. Wir streifen umher, wir schätzen etwas ab, wir nähern uns an. Einige Vogelarten ziehen große Kreise um einen Baum, bevor sie sich schließlich auf ihm niederlassen. Auf dieselbe Weise kann es für uns notwendig sein, erst um einen Ort herumzulaufen, um zu sehen, wo die Lücke ist, durch die wir hineinschlüpfen können. Wir treten nicht immer durch den Haupteingang ein. Wir sind nicht immer willkommen. Den Rundgang des Eigentümers machen, sich in seine Haut versetzen, sich die Orte aneignen und dabei gleichzeitig auf die Vorstellung verzichten, sie zu besitzen.

Ohne zu wollen, dass dieser Ort meiner sei, kann ich mir wünschen, dass er mir erlaubt, ich selbst zu sein, indem er Möglichkeiten des Seins freisetzt. Der Platz, der etwas über meine Identität aussagen würde, wäre demnach der, der die Spuren ihrer Entwicklung sowie die geographischen, sozialen und emotionalen, sichtbaren wie geheimen Veränderungen bewahren würde, die mich dorthin gebracht haben.

## Am Rande

»Doch wo findet sich der Text im Leben, der sich im Lauf der Zeit schreibt, wo ist der Rand?«

J.-B. Pontalis, *L'amour des commencements* (›Die Liebe des Anfangs‹)

Idealerweise hätte man dieses Buch von Hand schreiben und auch so veröffentlichen sollen. Damit auch die Worte selbst ihren richtigen Platz auf der Fläche der Buchseite finden; damit sie dort das skizzieren, was das Geschriebene und Wiedergebbare vervollständigen und über es hinausgehen würde. Idealerweise hätte die Form des Textes selbst noch mehr zum Ausdruck gebracht als das, was der Text zu verstehen gibt. Man hätte sich eine Art Kaligrammtext ausdenken müssen, der sich im Lauf der Analyse zeigt, oder ein Leporello, ein Faltbuch, das langsam die Landschaft der Reflexion offenlegt.

Denn das Denken beginnt damit, dass es sich im Raum zusammenfügt und dann auf der Seite in einem bestimmten Rhythmus zum Ausdruck kommt. Mit wenigen Mitteln: mit Kommata für jeden Atemzug, mit Abständen, Zeilenumbrüchen. Doch das ist eine minderwertige Choreographie für ein Denken, das sprunghaft sein kann und sich schlecht mit der Linearität und Aneinanderreihung von Kapiteln verträgt, die wie viele kleine, als logisch und notwendig betrachtete Momente dekliniert werden. Am Ende ist daraus ein Buch entstanden mit einer vermeintlichen Ordnung, einer Abfolge von Seiten, die man stupide in dieser Reihenfolge publiziert. Doch die ursprüngliche Form des Denkens, die dem Leser verborgen bleibt, ist ein Durcheinander von kleinen, disparaten Heften, von farbigen Schemata, von korrigierten Seiten, von kleinen Notizen auf unterschiedlichen Untergründen, Post-its mit grellen Farben und Entwürfen, die verschiedene Tische in Bibliotheken, Einfamilienhäusern oder Hotelzimmern in Beschlag nehmen. Man bräuchte ein Buch mit tausend übereinandergetürmten Seiten und ebenso viele Schichten, genau genommen ein voluminöses Buch, um diese chaotische Struktur des Schreibens wiederzugeben. Das Durcheinander dieser Schreibtische hat durch das zufällige Nebeneinander der verschiedenen Notizen Verbindungen und Resonanzen zum Vorschein gebracht, die der Verstand getrennt behandelt hätte. Vielleicht müssen wir uns mit dem Chaos unseres Lebens versöhnen. Es erlaubt uns fröhliche Paarbildungen und fruchtbare Zusammenstöße.

Das Werk *Träume von Räumen* [*Espèces d'espaces*] von Georges Perec enthält einen Werbetext, der vom Herausgeber auf ein loses Blatt gedruckt und vorne ins Buch eingelegt wurde. Doch dem Leser steht es frei, diesen Waschzettel als Lesezeichen zu verwenden, seinem Zweck somit zu entfremden und ihn im Laufe der Lektüre an verschiedene Orte zu legen, genauso wie er ihn dem eigentlichen Zweck entsprechend als unbedeutend einstufen und ihn wegwerfen kann, ohne sich die Zeit zu nehmen, ihn wirklich zu lesen. An welcher Stelle fügen wir den eingefügten Werbetext von Perec in jenes Buch ein, das den Raum des Buchs hinterfragt? Die Seite, auf der der Zufall dieses Blatt landen lässt, könnte ja durchaus diejenige sein, die mich am meisten anspricht. Einfügen bedeutet einführen, einschieben, einflechten, doch es bedeutet auch einstreuen, aufpfropfen, einpflanzen, einprägen. Es bedeutet noch tiefgreifender, jemanden an einer schöpferischen Bewegung teilhaben zu lassen. Manchmal tun wir nichts anderes, als uns einzufügen. Unauffällig, vorsichtig, in eine Menschenmenge, eine Reihe, einen Rahmen. Doch es kommt vor, dass wir diesen am Ende unseren eigenen Stempel aufdrücken, oder besser, dass wir ihnen einen Anstoß geben und die anderen mitziehen, denen wir Energie für ihre eigene Fortbewegung geben. Das ist der Ehrgeiz von Lehrenden wie zweifelsohne auch von Schriftstellern und Schriftstellerinnen: anderen diese Freude daran weiterzugeben, sich anderweitig danach umzuschauen, wer sie sind.

So spinne ich ein Buch, wenn ich es lese, fort. Ich schreibe Anmerkungen hinein, unterstreiche Dinge, gebe ihm eine besondere Form und eigne es mir an, ich hinterlasse darin die Spuren meiner Lektüre und den persönlichen Widerhall, den ich darin vernehme. Ich schreibe an die Ränder. Auch unsere Existenz entfaltet sich ihrerseits sicherlich in diesem Dialog zwischen dem Haupttext und unseren Randnotizen. Wir stimmen niemals vollkommen mit der Erzählung unseres Lebens überein, wir entwickeln uns auch, indem wir nebenher fabulieren, auf den unbeschriebenen Flächen der Seite. Der Zauber der Querfeldeinwege. Wir müssen noch einmal lesen, was an den Rändern steht, dem Geflüster in den Leerräumen lauschen, die sich für Reaktionen und Kommentare eignen, auf diesen Flächen, auf denen wir zusammenfassen, was wir gerade verstanden haben, auf denen wir unsere Bewunderung, unsere Zustimmung, Überraschung und unser Unverständnis unterstreichen. Wie viele Dialoge stehen an den Rändern der Bücher, wie viel greifen wir an den Rändern unseres Lebens wieder auf? Was wird sich im Rückblick als besonders wichtig erweisen, obwohl wir es aus Naivität oder Bescheidenheit für marginal hielten?

# Anmerkungen

Wo nicht ausdrücklich anders gekennzeichnet, stammen die Übersetzungen von Zitaten sowohl im Haupttext als auch in den Anmerkungen von Ute Kruse-Ebeling.

## Ein eigener Platz?

1 J.-B. Pontalis, *Œuvres littéraires,* coll. »Quarto«, Paris 2015, S. 929.
2 Georges Perec, *Espèces d'espaces*, »l'inhabitable« [»Das Unbewohnbare«], Paris 2000, S. 179 [dt. Titel: *Träume von Räumen*, Berlin 2016].
3 Ebd., S. 16.
4 Nach einem Ausdruck von W. E. B. Du Bois in *Les Âmes du peuple noir*, Paris 2004 [dt. Titel: *Die Seelen der Schwarzen. The Souls of Black Folk*, übers. von Magali Bessone, Berlin 2008]. *color line:* Farbgrenze, eine Grenze, die mittels Hautfarbe gezogen wird (Anm. d. Übers.).
5 Achille Mbembe, Vorwort von Frantz Fanon, *Œuvres*, Paris 2011, S. 19.
6 Perec, *Espèces d'espaces*, S. 73.
7 Henri Michaux, *L'infini turbulent*, Paris 1994, S. 10 [dt. Titel: *Turbulenz im Unendlichen*, Berlin 2018].
8 Perec, *Espèces d'espaces*, S. 141.
9 Henri Michaux, *Déplacements, dégagements*, Paris 2013, S. 46.

## Ein Platz an der Sonne

1 Im Französischen heißt es: »Le lézard lézarde«, das Verb »lézarder«, das sich direkt aus dem Wort für Eidechse, »lézard«, ableitet, bedeutet »sich sonnen« (Anm. d. Übers.).
2 Martin Heidegger, »Seul l'homme a un monde«, in: *Les concepts fondamentaux de la métaphysique* (1929), § 47, Paris 1983, S. 294 f.; dt. zit. nach: Martin Heidegger, *Die Grundbegriffe der Metaphysik*, Gesamtausgabe (GA) 29/30, Frankfurt a. M. $^2$1992, S. 285.
3 Ebd., dt. S. 292.
4 Gaston Bachelard, *La Poétique de l'espace*, Reihe »Quadrige«, Paris 1992, S. 45.
5 Ebd., S. 26.
6 Michel Foucault, *Des espaces autres*, in: *Dits et écrits*, Bd. IV: 1980–

1988, Text Nr. 360, Paris 1994, S. 754 [dt. Titel: *Andere Räume*, in: Karlheinz Barck [u. a.] (Hrsg.), *Aisthesis*, Leizig 1991, S. 34–46].

7 Perec, *Espèces d'espaces*, Waschzettel (Prière d'insérer).

8 Michel Butor, *Chacun son cadeau*, mit Illus. von Takushi Kitada, Paris 1977.

9 Henri Michaux, »Mes propriétés«, in: *La Nuit remue*, Paris 2001, S. 95.

10 Bachelard, *La Poétique de l'espace*, S. 194.

### »Ein jedes Ding an seinen Platz«

1 Georges Perec, *Penser/Classer*, Paris 2003, S. 18 [dt. Titel: *Denken/Ordnen*, Berlin 2014].

2 J.-B. Pontalis, »L'amour des commencements«, in: *Œuvres littéraires*, S. 166: »Das Vertraute, was so ist, was sich nicht bewegt, was an seinem Platz bleibt, dort, wo man es hingestellt hat. Nein, nicht alles, was an seinem Platz bleibt, denn das Unbewegliche hat zwei Seiten. Die eine beruhigt: […] garantiert Kontinuität. Die andere Seite bedrückt. Der Rest unserer sterblichen Überreste, der endlose Nachhall des einst Lebendigen.«

3 Ebd.

4 Ebd., S. 187 f.: »Dass jeder nicht mehr genau an seinem Platz wäre, dass die Blumen ihre Rabatten verlassen, dass die Professoren ihre Katheder verlassen und ich anfange zu schwanken und nicht mehr zu wissen, wo mir der Kopf steht. Ich war es, der diese Ordnung verlangte, diese Wiederholung, diese Zwänge.«

5 Perec, *Penser/Classer*, S. 155.

6 Ebd.: »Alle Utopien sind deprimierend, weil sie keinen Platz für Zufall, Differenz und ›Vielfalt‹ lassen. Allem ist ein Platz zugewiesen worden, und es herrscht Ordnung.«

7 Ebd., S. 166.

8 Mozart, *Don Giovanni. Komödie in zwei Akten*, Arie Nr. 4, Stuttgart 1986, S. 37.

## Aussteigen

1 Georges Perec, *Un homme qui dort*, Paris 1990, S. 43 [dt. Titel: *Ein Mann, der schläft*, Berlin 2012].
2 Ebd., S. 44: »Alles ist geplant, alles ist im kleinsten Detail vorbereitet: die großen Herzensaufwallungen, die kalte Ironie, die Zerrissenheit, die Fülle, die Exotik, das große Abenteuer, die Verzweiflung.«
3 Ebd., S. 20.
4 Ebd., S. 45.
5 Ebd., S. 22 und 44. Die nachfolgenden Zitate sind den Seiten 22, 23 und 26 [der französischen Fassung] entnommen.
6 Vgl. zu diesem Punkt Jérôme Porée, *L'espérance mélancolique, un dialogue entre philosophie et psychiatrie sur le temps humain*, Paris 2020, S. 14.

## Nicht an seinem Platz bleiben können

1 Michaël Ferrier, *Mémoires d'outre-mer*, Paris 2015, S. 53.
2 Ebd., S. 54.
3 Ebd., S. 53 f.: »Es liegt natürlich auch eine Grausamkeit in diesen Grenzgängen. Zum Beispiel: seine Mutter allein sterben zu lassen, weit weg, auf einem vergessenen Fleckchen Erde, um alles über das Verbrechen, zu leben, zu erfahren.«
4 Catherine Poulain, *Le grand marin*, Paris 2017, S. 9 [dt. Titel: *Die Seefahrerin*, München 2017]: »Man müsste immer Kurs auf Alaska nehmen. Aber wozu dort ankommen? Ich habe meine Sachen gepackt. Es ist Nacht. […] Ich gehe fort, ans Ende der Welt, auf dem Mittelmeer, in Richtung des Meers und der Gefahren, ich gehe fort. Ich will nicht länger vor Langeweile, an Bier, einer verirrten Kugel oder vor Unglück sterben. Ich gehe fort.«
5 Ferrier, *Mémoires d'outre-mer*, S. 43.
6 Sylvain Prudhomme, *Par les routes*, Paris 2019, S. 129 [dt. Titel: *Allerorten*, Zürich 2020].
7 Ebd.: »Von ganzem Herzen wünschte ich mir eine Luftveränderung. Zerstörung, Wiederaufbau: Das war mein Plan für die kommenden Tage und vielleicht die kommenden Jahre.«
8 Ebd.

## Wurzeln schlagen

1 Marguerite Duras, *L'Amant*, Paris 1984, S. 32 [dt. Titel: *Der Liebhaber*, Frankfurt a. M. 2005]: »Sie macht uns Schande, ich schäme mich für sie auf der Straße vor dem Gymnasium […], alle schauen, aber sie bekommt nichts davon mit, niemals, man sollte sie einsperren, schlagen, töten.«

2 Laurent Mauvignier, *Continuer*, Paris 2016, S. 20.

3 Ebd.

4 Ebd.: »Meistens vergisst sie, doch manchmal kehrt die Erinnerung zurück: ein Hauch von Scham. […] Keine Gefühle, kein Mitleid – nur Scham, Selbstverabscheuung, Selbstverachtung.«

5 Ebd., S. 55: »Er sieht einen Jungen, der ihn betrachtet und nichts von ihm erwartet; er wundert sich; zum ersten Mal in seinem Leben erkennt er, dass sein Sohn ihn nicht mit Bewunderung betrachtet, er erkennt, dass sein Sohn anderswo ist und, nein, dass man letztlich vielleicht doch nicht endgültig das ist, was man ist.«

6 Marie-Hélène Lafon, *L'Annonce*, Paris 2009, S. 77 [dt. Titel: *Die Anzeige*, Zürich 2020].

7 Ebd., S. 83.

8 Ebd., S. 87. »Die Frau und das Kind, die Aufgenommenen, gehörten nun zum Dorfbild dazu, sie hatten sich in den Boden hineingegraben, Gestalt angenommen und Wurzeln geschlagen.«

9 Zit. in Michel Gribinski, *Qu'est-ce qu'une place?*, Paris 2013, S. 27 [dt. Titel: *Der Mond und die Feuer*, Zürich 2017].

## Sich kleinmachen

1 Richard Hoggart, *33 Newport Street. Autobiographie d'un intellectuel issu des classes populaires anglaises*, Paris 2013, S. 89.

2 Ebd., S. 88: »Außerhalb von uns selbst hat uns praktisch nichts interessiert, nicht das Leben anderer, die Interessen anderer oder die Sorgen anderer.«

3 Ebd.

4 Ebd., S. 89.

5 Ebd., S. 90: »Die Schlimmsten sind die, die von dir in der dritten Person sprechen, wenn sie andere in deinem Beisein ansprechen: ›Glauben Sie nicht, dass sie in einer Einrichtung besser aufgehoben wären?‹«

6 Ebd., S. 172.
7 Ebd., S. 90.
8 James Baldwin, *La prochaine fois le feu*, Paris 2018, S. 47 [dt.Titel: *Nach der Flut das Feuer*, München 2020].
9 Ebd., S. 52.
10 Raoul Peck, James Baldwin, *I am Not Your Negro*, 10/18, 2018, Débat à l'université de Cambridge, 1955.
11 Baldwin, *La prochaine fois le feu*, S. 31.
12 Frantz Fanon, *Peau noire, masques blancs*, Paris 2011, S. 154 [dt. Titel: *Schwarze Haut, weiße Masken*, Berlin 1985].
13 Ebd., S. 158: »An jenem Tag, an dem ich verunsichert und unfähig war, mit dem anderen, dem Weißen, draußen zu sein, der mich unerbittlich einsperrte, begab ich mich weit, sehr weit fort von meinem Da-Sein und machte mich selbst zum Objekt.«
14 Ebd.: »Schon die weißen Blicke, die einzig wahren, sezieren mich. Ich bin *fixiert*.«
15 Ebd., S. 175: »ein Minderwertigkeitsgefühl? Nein, ein Gefühl der Nichtexistenz.«
16 Ebd., S. 157.
17 Ebd., S. 158: »Ich komme langsam in der Welt an, bin längst daran gewöhnt, mir nicht länger einzubilden aufzutauchen. Ich bewege mich kriechend fort.«
18 Muriel Monnard, »Occuper et prendre place. Une lecture des rapports de pouvoir dans la cour de récréation«, in: *Espaces et sociétés* 3 (2016) S. 127–145.
19 Michel Lussault, *De la lutte des classes à la lutte des places*, Paris 2009.

## Die Herausforderung im Raum

1 Anne-Lyse Chabert, *Transformer le handicap. Au fil des expériences de vie*, Toulouse 2017.
2 Bertrand Quentin, *Les invalidés, nouvelles réflexions philosophiques sur le handicap*, Toulouse 2019, S. 19.
3 Ebd., S. 39.
4 Anne-Lyse Chabert, »Accessibilité dans les lieux publics, enjeu de dignité pour tous«, in: *Développement Humain, Handicap et Changement Social / Human Development, Disability, and Social Change* 26 (2020) S. 63–69.

## Königinnen ohne Königreich

1 Mona Chollet, *Chez soi. Une odyssée de l'espace domestique*, Paris 2016, S. 139.
2 Marguerite Duras, *La Vie matérielle*, Paris 1994, S. 69.
3 Ebd., S. 154.
4 Es handelt sich nicht um eine Aufgabe, zu der nur Frauen, in einer essentialistischen Lesart, fähig wären. Männer könnten sich ebenso damit belasten. Einige von ihnen tun dies tagtäglich. Doch statistisch gesehen bleiben sie eine Minderheit, wie die Erfahrungen mit der Quarantäne mit ihrer dreifachen und unmöglichen Anforderung der Kontinuität der Arbeit auf Distanz, der Schule im Homeschooling und der Erledigung des Haushalts, bestätigt haben.
5 Donald W. Winnicott, *Le bébé et sa mère*, Paris 2017 [dt. Titel: *Babys und ihre Mütter*, Gießen 2023].
6 Duras, *La Vie matérielle*, S. 57.
7 Ebd., S. 68.
8 Ebd., S. 56.
9 Ebd., S. 61.

## Meine Stimme finden

1 Wie die Aussagen von Tanya und Iris in Carol Gilligans *Une voix différente. Un regard prospectif à partir du passé*, Open Édition, § 24, illustrieren: »Tanya, 15 Jahre alt: ›Die Stimme, die für das steht, an was ich glaube, ist ganz tief in mir vergraben.‹ Und Iris, 16 Jahre: ›Wenn ich sagen würde, was ich fühle und was ich denke, würde niemand mit mir zusammen sein wollen, meine Stimme wäre zu laut. […] Aber man braucht ja Beziehungen.‹«
2 Ebd., §22: »Das hat die Stimme von Amy, elf Jahre alt, so anziehend für viele Leserinnen von *Une voix différente* (›Eine andere Stimme‹) gemacht: Ihre Stimme ergibt Sinn, und dennoch wurde sie weder gehört noch geschätzt. Es ist eine kluge Stimme, die viele Frauen gelernt haben als naiv, falsch, dumm oder verrückt zurückzuweisen, weil sie oft so verstanden wurde.«
3 Ebd., §1: »Die Veränderungen in der Stimme, die Misstöne und Sprünge, die Unterbrechungen des Gesagten, die mir zu Beginn auffielen, hängen mit der Aufrechterhaltung der Spannungen und

Widersprüche zwischen unseren demokratischen Idealen und Visionen sowie dem Fortbestehen der patriarchalen Macht und Privilegien zusammen.«

4 Carol Gilligan / Naomi Snider, *Pourquoi le patriarcat?*, Paris 2019 [engl. Originaltitel: *Why Does Patriarchy Persist?*].

5 Ebd. Man findet diese Idee der Verinnerlichung des Schweigens auf S. 45: »Wenn ich die Gedanken in meinem tiefsten Inneren ausdrücken oder meine Gefühle zum Ausdruck bringen müsste, würde niemand mit mir zusammen sein wollen, weil meine Stimme zu laut wäre.«

6 Ebd., S. 51.

7 Ebd., S. 66.

8 Ebd., S. 56: »Die Erfahrung dieses Gefühls, meine eigene Stimme zu haben, die mir aus dem Herzen spricht, frei von jeder Form des Zögerns oder der Selbstzensur, die mich üblicherweise bedrängte.«

## Die Dreisten

1 Annie Ernaux, *L'écriture comme un couteau*, Paris 2011, S. 64. Die Schriftstellerin spricht im Zusammenhang mit ihren Eltern von »einer uralten, tiefsitzenden Angst, einer Gewissheit in Bezug auf ihre Begrenztheit«.

2 Annie Ernaux, *La place*, Paris 1983, S. 59 [dt. Titel: *Der Platz*, Berlin 2020].

3 Ebd., S. 60: »Scham, nicht zu wissen, was man zwangsläufig gewusst hätte, wenn wir nicht das gewesen wären, was wir waren, d. h. minderwertig.«

4 Ebd., S. 74: »Die Hoffnung, dass es mir *besser als ihm* gehen würde.«

5 Ernaux, *L'écriture comme un couteau*, S. 51.

## Die Logik des Durchbruchs

1 Die begrenzte Mobilität in den Lebensverläufen junger Menschen aus ländlichen Gebieten scheint durch die Pandemie noch weiter verringert worden zu sein. Vgl. Benoît Coquard, *Ceux qui restent*, Paris 2019, und Salomé Berlioux, *Nos campagnes suspendues*, Paris 2020.

2 »Kader Attia. L'anthropologie de l'effraction«, Gespräch mit Bernard Raison, erschienen auf der Website der *Revue des Deux Mondes*, Mai 2018.

3 Ebd.

## Es bleibt unruhig

1 Interview von Annie Ernaux in *BibliObs*, vom 11. Dezember 2011.

2 Chantal Jaquet, *Les transclasses ou la non-reproduction*, Paris 2014, S. 140.

3 Ebd., S. 152: »Der Klassenübergänger steht nicht mit beiden Beinen in dieser einst so vertrauten Welt; auch dort ist er fehl am Platz; zwischen ihm und den anderen bleibt stets die Differenz derjenigen, die geblieben sind. [...] Er ist fremd im eigenen Land.«

4 Ernaux, *L'ecriture comme un couteau*, S. 27: »Ich glaube, sie ist Teil meines Körpers, diese Trennung. Diese Trennung von der Welt.«

5 Ebd., S. 24: »Trennungen, die nicht für jemand Fremdes sichtbar sind, der ankommt, sondern die sich auf dem Territorium und in den Köpfen eingeschrieben finden.«

6 Ebd., S. 23: »Wenn ich nach Paris fahre, gibt es Viertel, das 6. und das 7. [Arrondissement], wo ich immer den Eindruck habe, keinen Zutritt zu haben und nur durch einen Einbruch da zu sein.«

7 Ebd., S. 63 f.

8 Pierre Bourdieu, *Esquisse pour une auto-analyse*, Paris 2004, S. 127 [dt. Titel: *Ein soziologischer Selbstversuch*, Berlin 2002].

9 Ernaux, *L'ecriture comme un couteau*, S. 20.

10 Bourdieu, *Esquisse pour une auto-analyse*, S. 126.

11 Ernaux, *L'écriture comme un couteau*, S. 64.

12 Ebd., S. 26: »Ich habe immer zwischen zwei Plätzen gestanden.«

13 Jaquet, *Les transclasses et la non-reproduction*, S. 221.

14 Es sei auch an die Literatur erinnert, die sich in den vergangenen Jahren um die Figur des Klassenübergängers herum entwickelt hat.

15 Jaquet, *Les transclasses et la non-reproduction*, S. 220: »Das Nicht-Reproduzieren [...] zeichnet sich durch die Fähigkeit aus, von den herrschenden Schemata abzuweichen und das Hindernis ihrer Wiederholung oder des Gefangenseins in ihnen zu überwinden.« Siehe auch S. 220 f.: »Der Wechsel der sozialen Klasse [...] erzeugt eine Neugestaltung, die sich weder auf eine Addition von Habitus noch auf ihre

Hybridisierung reduzieren lässt, sondern die durch die Spannungen des Übergangs die dynamische Form einer Entspannung und eines permanenten Wiederaufbaus annimmt. Der Klassenübergänger lässt sich nur in dieser Bewegung des Übergangs verstehen, durch den er die Erfahrung einer Transidentität und einer Auflösung des persönlichen und sozialen Ichs macht.«

16 Ebd., S. 220.

17 Ebd., S. 155.

18 Mathieu Potte-Bonneville, »Romain Bertrand, un historien entre les mondes«, in: *Magazine du centre Pompidou*, 2021. Mein Dank gilt Magali Bessone für ihren Hinweis auf diesen Artikel.

## Der »wahre Ort«

1 Annie Ernaux, *Le vrai lieu, entretiens avec Michelle Porte*, Paris 2014, S. 93.

2 Ebd., S. 111: »Gleichwohl habe ich gerade dort den Eindruck, am meisten zu sein. Es ist mein wahrer Ort.«

3 Ebd., S. 90.

4 Ebd., S. 12.

5 Ebd., S. 52.

6 Ebd., S. 54.

7 Ebd., S. 74: »In der Literatur habe ich Dinge für mich gefunden. Bei Proust. Bei Georges Perec. Dinge, die dazu führen, dass man sich sagt: ›Ich auch.‹ Und einem geht ein Licht auf. Das ist das ›erhellte‹ Leben, von dem Proust spricht.«

8 Ebd., S. 84.

9 Bourdieu, *Esquisse pour une auto-analyse*, S. 86 f.

10 Ebd. S. 126 f.

11 Ernaux, *Le vrai lieu*, S. 70: »Wie kann ich das (die Trennung vom Vater) schreiben ohne erneuten Verrat? Die einzige Art des Schreibens, die keinen Verrat darstellte, war dieses sachbezogene Schreiben.«

12 Bourdieu, *Esquisse pour une auto-analyse*, S. 94.

13 Ebd.

## Die Misstöne des Begehrens

1 Man denke hier unter anderem an den russischen Diplomaten in den Romanen *Passion simple* [dt. Titel: *Eine vollkommene Leidenschaft. Die Geschichte einer erotischen Faszination*, München 2004] und *Se perdre* [dt. Titel: *Sich verlieren*, München 2003] von Annie Ernaux.

2 Éric Chauvier, »Anthropologie de l'ordinaire. Une conversion du regard«, in: *Anacharsis*, Paris 2010, S. 113: »Die Misstöne offenbaren indirekt den ›Sprachgebrauch‹, mit anderen Worten, die Art und Weise, wie wir – Beobachtende und Beobachtete – die soziale Welt einordnen.«

3 Ernaux, *Le vrai lieu*, S. 27.

4 René Descartes, »Lettre à Chanut« (6. Juni 1647), in: *Œuvres complètes*, Bibliothèque de la Pléiade, Paris 1953, S. 1277: »Als Kind liebte ich ein Mädchen in meinem Alter, das ein wenig schielte, wodurch der Eindruck, der sich durch den Anblick in meinem Gehirn bildete, wenn ich ihre abschweifenden Augen ansah, so sehr mit jenem Eindruck verband, der sich ebenfalls dort bildete und die Leidenschaft der Liebe erregte, dass ich noch lange Zeit danach, wenn ich schielende Personen sah, mich ihnen eher zugetan fühlte als anderen.«

5 Éric Chauvier, *Laura*, Paris, 2020, S. 111.

6 Ebd., S. 92.

7 Ebd., S. 38: »In Wirklichkeit ist es Laura, die ich vergessen will, diese Mischung aus Begehren und Scham, die ich für sie verspüre und die ich nicht verstehe – die ich immer noch nicht verstehe. Je mehr ich das Provinznest verlasse, desto mehr verliere ich mich.«

8 Ebd., S. 44: »Ich, der ich unfähig bin, die ungehobelte Sprache der Straße zu sprechen.«

9 Éric Chauvier, *Anthropologie*, Paris 2006.

10 Ebd., S. 15.

11 Ebd., S. 77.

12 Ebd., S. 78.

13 Ebd., S. 15.

14 Ebd., S. 76.

15 Ebd., S. 77: »Panel seltener Eindrücke«: »Diese Unterstützung, dieses reine Sinnesmaterial wird zu einem zuverlässigen Werkzeug, um zu verstehen, was ich für X empfinde.«

16 Ebd.

## Abdriften und ausschweifen

1 Pierre-André Boutang, *L'abécédaire de Gilles Deleuze*, »D comme Désir«, Paris 2004.

2 Stefan Zweig, *Vierundzwanzig Stunden aus dem Leben einer Frau*, Stuttgart 2021, S. 16: »All dies Abwehren der offenbaren Tatsache, daß eine Frau in manchen Stunden ihres Lebens jenseits ihres Willens und Wissens geheimnisvollen Mächten ausgeliefert sei, verberge nur Furcht vor dem eigenen Instinkt, vor dem Dämonischen unserer Natur [...].«

3 Ebd., S. 78.

4 Ebd.: »Nie vordem, nie nachdem hatte ich ähnliches an Überraschung und wütender Machtlosigkeit erlebt als in dieser Sekunde, da ich, zum Verwegensten bereit – bereit, mein ganzes gespartes, gehäuftes, zusammengehaltenes Leben mit einem Ruck hinzuwerfen –, plötzlich vor mir eine Mauer von Sinnlosigkeit fand, gegen die meine Leidenschaft ohnmächtig mit der Stirne stieß.«

5 Ebd., S. 22.

6 Ebd., S. 73 f.: »[I]ch hätte meinen Namen entehrt und den meiner Kinder [...] ich hätte nicht gefragt, wohin und wie lange, nicht mich umgewandt mit einem Blick zurück in mein früheres Leben ... ich hätte mein Geld, meinen Namen, mein Vermögen, meine Ehre diesem Menschen geopfert ... ich wäre betteln gegangen, und wahrscheinlich gibt es keine Niedrigkeit dieser Welt, zu der er mich nicht hätte verleiten können.«

7 Sarah Chiche, *Les enténébrés*, Paris 2019, S. 50.

8 Maria Pourchet, *Feu*, Paris 2021, S. 195 [dt. Titel: *Feuer*, München 2023].

9 Ebd., S. 210: »Die Erschöpfung der alten Hungerleider, die Anstrengung, wir selbst zu sein.«

10 Ebd.

11 Ebd.

12 Wie Amandine Dhée es ihre Heldin in dem Roman *A mains nues*, Lille 2020, S. 64, sagen lässt. Die folgenden Zitate sind derselben Seite entnommen.

13 Dino Buzzati, *Un amour*, Paris 2010, S. 112 [dt. Titel: *Un amore*, Frankfurt a. M. 1991].

14 Ebd., S. 370. Siehe auch die vorangegangene Passage: »Weil er wie ein an einem Band hängender Stein war, den man immer und immer schneller rotieren lässt, und es der Wind war, der ihn sich drehen ließ,

der herbstliche Wirbelsturm, die Verzweiflung, die Liebe. Und so konnte man vor lauter wildem Herumwirbeln nicht mehr erkennen, welche Form er wohl haben mochte, er war zu einer Art fließendem und flackerndem Ring geworden.«

## Doppelleben

1 Chiche, *Les enténébrés*, S. 93: »Ich habe nicht gedacht, dass man das für jemanden machen könnte – ihm die Kindheit zurückgeben, die er nicht hatte, und ihm ermöglichen, die unterbrochene Entwicklung wieder aufzunehmen.«

2 Anne Dufourmantelle, *En cas d'amour. Psychopathologie de la vie amoureuse*, Paris 2012, S. 157 [dt. Titel: *Im Fall der Liebe*, Berlin 2021].

## Einen Platz in mir bereiten

1 Adèle Van Reeth, *La vie ordinaire,* Paris 2020, S. 113: »Die Realität ist geheimnisvoll geworden, sie präsentiert das neue Leben als ein Geheimnis.«

2 Wie dies der Philosoph Jean-Louis Chrétien so poetisch in seinem Werk *La joie spacieuse. Essai sur la dilatation*, Paris 2007, analysiert.

## Der Raum im Inneren

1 Henri Michaux, *Poteaux d'angle*, Paris 1981, S. 32 [dt. Titel: *Eckpfosten*, München 1982].

2 Ebd.

3 Ebd.

4 Ebd. Siehe auch »Mes propriétés«, in: *L'espace du dedans*, Paris 1998, S. 42 f. [dt.: »Meine Besitztümer«]: »Meine Besitztümer, die nichts sind, doch die dennoch ein vertrautes Terrain darstellen [...], es handelt sich eindeutig um *mein Terrain*. Ich kann es nicht erklären, aber es mit einem anderen zu verwechseln wäre so, als würde ich mich mit jemand anderem verwechseln, es ist unmöglich.«

5 Michaux, »Mes propriétés«, S. 42.

## Seinen Körper bewohnen

1 Michel Foucault, *Le corps utopique, Les Hétérotopies*, Paris 2019, S. 10; dt. zit. nach: Michel Foucault, *Die Heterotopien. Der utopische Körper: Zwei Radiovorträge*, Berlin 2013, S. 25 f.

2 Henri Michaux, *La vie dans les plis*, Paris 2001, S. 179.

3 Henri Michaux, »Paix dans les brisements«, in: Henri Michaux, *L'espace du dedans*, Paris 1944, S. 320 [dt. Titel: »Frieden in den Brandungen«, in: Henri Michaux, *Momente. Durchquerungen der Zeit*, München 1983, S. 39–52].

4 Henri Michaux, »Clown«, in: Michaux, *L'espace du dedans*, S. 249.

5 Foucault, *Le corps utopique*, S. 9; dt. zit. nach Foucault, *Die Heterotopien*, S. 25: »Mein Körper ist das genaue Gegenteil einer Utopie, er ist niemals unter einem anderen Himmel, er ist der absolute Ort, das kleine Stück Raum, mit dem ich buchstäblich eins bin. Mein Körper ist eine gnadenlose Topie.«

6 Ebd.: »Jenem Ort, den Proust bei jedem Erwachen vorsichtig und ängstlich aufs Neue besetzt, vermag ich nicht zu entkommen, wenn ich die Augen erst geöffnet habe. Nicht daß er mich an einem bestimmten Platz festhielte. Schließlich kann ich mich nicht nur bewegen und fortbewegen, ich kann auch ihn bewegen, ich kann ihn fortbewegen und verlagern. Aber ich kann mich nicht ohne ihn fortbewegen«; dt. zit. nach Foucault, *Die Heterotopien*, S. 25.

7 Ebd.; dt. zit. nach Foucault, *Die Heterotopien*, S. 26.

8 Ebd.; dt. zit. nach Foucault, *Die Heterotopien*, S. 25.

9 Zu diesem Punkt vgl. die Analyse von David Le Breton über Körperverletzungen und Risikoverhalten bei Jugendlichen in *Disparaître de soi, une tentation contemporaine*, Paris 2015.

10 Man denke hier an die Collage der amerikanischen Plastikerin Barbara Kruger, »Untitled (Your body is a Battleground)« aus dem Jahr 1989.

## Hier

1 Foucault, *Le corps utopique*, S. 19 f.; dt. zit. nach Foucault, *Die Heterotopien*, S. 35 f.

2 Vgl. Georges Bataille, *L'érotisme*, Paris 1957 [dt. Titel: *Der heilige Eros*, Berlin 1979].

3 Chiche, *Les enténébrés*, S. 130.

4 Nach einem Ausdruck von Roland Barthes, *Fragments d'un discours amoureux*, in: *Œuvres complètes*, V., Paris 2002, S. 97 [dt. Titel: *Fragmente einer Sprache der Liebe*, Berlin 2015].

## Familienquartett

1 Lydia Flem, *Comment je me suis séparée de ma fille et de mon quasi-fils*, Paris 2009, S. 57 f.
2 Anne Dufourmantelle / Laure Leter, *Se trouver, Dialogue sur les nouvelles souffrances contemporaines*, Paris 2014, S. 12.

## Den Ast absägen

1 François Noudelmann, *Hors de moi, Variations III*, Paris 2006, S. 9.
2 Ebd., S. 12.
3 Ebd., S. 15: »die Dinge wieder selbst in die Hand nehmen, den Menschen in Bewegung setzen«.
4 Ebd., S. 13.
5 Ebd., S. 15.
6 Ebd., S. 26.
7 Ebd., S. 15.
8 Ebd., S. 31.
9 Ebd., S. 27.
10 Ebd., S. 31.
11 Ebd., S. 27.
12 Ebd., S. 103.
13 Zu diesem »Fluss der Stimme« siehe die gesamte, wunderbare Seite 103.
14 Ebd.
15 Ebd., diese Idee und die folgenden Zitate finden sich auf den Seiten 109 und 110.

## Reise nach Jerusalem

1 Valérie Mréjen, *Troisième personne*, Paris 2017.
2 Wir haben diese Fragen und Verweise bereits in *Rupture(s)*, Paris 2019, S. 123 ff. angesprochen.

3 Man denke u. a. etwa an Donald Winnicott (*La mère suffisamment bonne*, Paris 2006), Anne Dufourmantelle (*La sauvagerie maternelle*, Paris 2016 [dt.: *Wilde Mütter*, Berlin 2023]), Lionel Duroy (besonders *Le Chagrin*, Paris 2011 [dt.: *Der Kummer*, Hamburg 2014]) oder Sarah Chiche (*Les enténébrés*).

4 Salomé Kiner, *Grande couronne*, Paris 2021.

5 Jean-Luc Nancy, *L'intrus*, Paris 2000, S. 41 [dt.: *L'Intrus. Der Eindringling. Das fremde Herz*, Leipzig 2000].

6 Das ist eine der Fragen, die Annie Ernaux in ihrem Buch *L'autre fille* stellt (Paris 2011; dt. Titel: *Das andere Mädchen*, Berlin 2022), in dem sie von ihrer Entdeckung erzählt, dass sie eine ältere Schwester hatte, die vorzeitig im Alter von sechs Jahren, vor der Geburt der Schriftstellerin, starb.

7 Anne Pauly, *Avant que j'oublie*, Paris 2019, S. 89.

## Die fehlenden Plätze

1 Georges Perec, *La disparition*, Paris 2017, S. 28; dt. zit. nach: *Anton Voyls Fortgang*, Berlin 2017, S. 28.

2 Robert Bober, *Par instants, la vie n'est pas sûre*, Paris 2020, S. 192.

3 Ebd.

4 Emmanuelle Lambert, *Le garçon de mon père*, Paris 2021, S. 25.

5 Ebd., S. 22.

## Sich einen Platz ersinnen

1 Hugo Lindenberg, *Un jour ce sera vide*, Paris 2020, S. 27 [dt. Titel: *Eines Tages wird es leer sein*, Hamburg 2023]: »Was meine Neugier erregte, war, Eltern mit ihren Kindern zu sehen. Der einfache Alltag einer normalen Familie.«

2 Ebd., S. 44.

3 Ebd., S. 142.

4 Ebd., S. 45 f.

5 Lionel Duroy, *L'homme qui tremble*, Paris 2021, S. 66.

6 Zu dieser Situation ist das Buchprojekt seines Bruders ebenfalls aufschlussreich, vgl. ebd., S. 48: »Das Thema seines ersten Romans steht schon fest, die Irrfahrten eines staatenlosen Mannes, der keinen

Platz in einer Welt besitzt, in der jeder genau weiß, wo sein eigener Platz ist.«

## Geister

1 J.-B. Pontalis, »L'amour des commencements«, S. 189: »Ich habe es mir an jenen Tagen versagt, meinen Vater zu verdrängen, für vernachlässigbar, für nichtig, für abstrakt zu halten, was lediglich aufgehört hat sichtbar und hörbar zu sein.«

2 Delphine Horvilleur, *Vivre avec nos morts*, Paris 2021, S. 219 [dt. Titel: *Mit den Toten leben*, Berlin 2022].

3 Camille de Toledo, *Thésée, sa vie nouvelle*, Lagrasse 2020, S. 102. Die folgenden Passagen sind derselben Seite entnommen.

4 Vincent Delecroix, *Apprendre à perdre*, Paris 2019, S. 254 f.

5 Ebd., S. 253.

6 Sigmund Freud, *Das Unheimliche*, Stuttgart 2020, S. 15: »Also heimlich ist ein Wort, das seine Bedeutung nach einer Ambivalenz hin entwickelt, bis es endlich mit seinem Gegensatz unheimlich zusammenfällt. Unheimlich ist irgendwie eine Art von heimlich.«

7 Ebd., S. 13.

8 Vgl. Olivier Mannoni, *Publictionnaire. Dictionnaire encyclopédique et critique des Publics*, http://publictionnaire.huma-num.fr/notice/unheimlich/.

9 J.-B. Pontalis, *La traversée des ombres*, Paris 2005, S. 582.

## Die Vertriebenen

1 Jacques Derrida/ Anne Dufourmantelle, *De l'hospitalité*, Paris 1997, S. 81; dt. zit. nach: Jacques Derrida, *Von der Gastfreundschaft. Mit einer ›Einladung‹ von Anne Dufourmantelle*, übers. von Markus Sedlaczek, Wien 2001, S. 67: »Allen ›displaced persons‹, Exilierten, Deportierten, Vertriebenen, Entwurzelten, Nomaden sind zwei Seufzer, zwei wehmütige Erinnerungen gemeinsam: ihre Toten und ihre Sprache.«

2 Alfred Schütz, *Der Fremde. Ein sozialpsychologischer Versuch*, in: A. S., *Gesammelte Aufsätze, Bd. II: Studien zur soziologischen Theorie*, Den Haag 1972, S. 53–69, hier: S. 69.

3 Günther Anders, *Journaux de l'exil et du retour,* Paris 2012; dt. zit. nach: Günther Anders, *Tagebücher und Gedichte,* München 1985, darin: »Post festum«, S. 64–93, hier: S. 81.

4 Amin Maalouf, *Les désorientés,* Paris 2012, S. 69 [dt. Titel: *Die Verunsicherten,* Zürich 2014].

5 Ebd.

6 Simone Weil, *L'enracinement,* Paris 1999, S. 1052; dt. zit. nach Simone Weil, *Die Verwurzelung. Vorspiel zu einer Erklärung der Pflichten dem Menschen gegenüber,* Berlin 2011, S. 43.

7 Maalouf, *Les désorientés,* S. 70.

8 Ebd.

9 Anders, *Tagebücher und Gedichte,* S. 71.

10 Ebd.: »[K]ein Mensch ist so gebaut, dass er es lange als bloßer ›Überschuss‹ aushalten könnte.«

11 Ebd.

12 Ebd., S. 82.

13 Ebd., S. 90.

14 Ebd., S. 91.

15 Derrida, *De l'hospitalité,* S. 83; dt. zit. nach Derrida, *Von der Gastfreundschaft,* S. 69.

16 Dt. zit. nach Anders, *Tagebücher und Gedichte,* S. 81 f.

17 Achille Mbembe, *Brutalisme,* Paris 2020, S. 182.

18 Anders, *Journaux de l'exil et du retour,* S. 263; dt. zit. nach Günther Anders, *Die Schrift an der Wand. Tagebücher 1941–1966,* Zürich 1969, S. 237.

## Billige Plätze

1 Anders, *Tagebücher und Gedichte,* S. 17.

2 Ebd., S. 18: »Denn wonach haben Sie gejagt? [...] Immer nur nach der Erfüllung. Und dann und wann hatten Sie sogar das Pech, dass Ihnen das gelang, dass Sie die Erfüllung zufällig fanden. In dieser Frau. In diesem Freund. In dieser Sache. In dieser Arbeit. In zufälligen Stücken Welt, die so aussahen, als wären sie, nach Maß gearbeitet, für Sie und nur für Sie bereitgelegt worden. Aber wenn Sie mich fragen, [...] diese Episoden waren die allerunrichtigsten Stücke in Ihrem Leben. Richtig waren allein die Durststrecken dazwischen. Die Jahre, die mit Zufällen angefüllt waren. Die Berufe, die Sie verflucht haben. Und wenn Sie

ein Minimum von Erfahrung erworben haben sollten, zu verdanken hätten Sie das ausschließlich diesen Zeiten des angeblichen Zeitverlustes.«

3 Ebd., S. 89.

4 Ebd., S. 88 f.

5 Camille Riquier, *Nous ne savons plus croire*, Bilbao 2020, S. 81.

6 Ebd.: »Was ein Mensch getan hat, verstehen wir in vollem Umfang nur im Lichte dessen, was sein heimliches Ansinnen war, dessen tiefere Absicht er uns meist im Vorbeigehen preisgegeben hat.«

## Zufällig da sein

1 Jacques Lacan, »Place, origine et fin de mon enseignement«, in: *Mon enseignement*, Paris 2005 [dt. Titel: »Platz, Ursprung und Ziel meiner Lehre«, in: *Meine Lehre*, Wien 2013].

## Zugvögel

1 J.-B. Pontalis, *En marge des nuits*, in: *Œuvres littéraires*, S. 944.

2 Georges Perec, *Tentative d'épuisement d'un lieu parisien*, Paris 1982 [dt. Titel: *Versuch einen Platz in Paris zu erfassen*, Zürich 2023].

3 Gilles Deleuze / Félix Guattari, *Mille Plateaux*, Paris 2013 (zuerst 1980), S. 392 [dt. Titel: *Tausend Plateaus: Kapitalismus und Schizophrenie*, Leipzig 1993]

## Vertraute Klänge

1 Deleuze / Guattari, *Mille Plateaux*, S. 382.

2 Ebd.: »Die Radio- oder Fernsehgeräte sind wie eine Klangmauer für jedes Heim und markieren Territorien.«

3 Pontalis, *Traversée des ombres*, S. 581: »Jeder von uns hat seine piazza rassurante: seinen Lebensrahmen, die Institution, der er angehört, die mütterlichen Arme (ich habe lange von den Armen des Meeres geträumt …).«

## Nachdenken über Fortbewegung

1 Foucault, *Des espaces autres*, S. 754 [dt. Titel: »Von anderen Räumen«, in: Jörg Dünne / Stephan Günzel (Hrsg.), *Raumtheorie. Grundlagentexte aus Philosophie und Kulturwissenschaften*, Berlin 2006, S. 317–327].

2 Ebd., S. 756.

3 Ebd., S. 761 für diese Zitate.

## Brauchen wir einen Platz?

1 Für einen strengeren Ansatz der Theorie der Elemente siehe Aristoteles, *Über Werden und Vergehen. De generatione et corruptione*, Griech./Dt., Buch II, Kap. 3, Hamburg 2011.

2 Perec, *Espèces d'espaces*, S. 180.

3 Bachelard, *La poétique de l'espace*, S. 19: »Kauern gehört zur Phänomenologie des Verbs ›wohnen‹. Intensiv wohnt nur, wer sich zu kauern weiß.«

4 Um eine Formulierung von Jean Starobinski in *Montaigne en mouvement*, Paris 1982, S. 50, aufzunehmen.

5 Michel Foucault, *Surveiller et punir*, Paris 1994, S. 231; dt. zit. nach Michel Foucault, *Überwachen und Strafen. Die Geburt des Gefängnisses*, Frankfurt a. M. 1993, S. 251 f. Wenn Foucault hier den epidemischen Kontext der Pest erwähnt, darf man sich fragen, ob nicht gerade die Zeit der Gesundheitskrise mehr als alle anderen Zeiten zeigt, dass es *de facto* bestimmte Hindernisse bei der Verteilung der Plätze und Lasten gibt.

6 Tanguy Viel, *La fille qu'on appelle*, Paris 2021, S. 13 [dt. Titel: *Das Mädchen, das man ruft*, Berlin 2022].

7 Barbara Cassin, *La nostalgie. Quand est-on chez soi?*, Paris 2013, S. 93 [dt. Titel: *Nostalgie. Wann sind wir wirklich zuhause?*, Berlin 2021].

8 Jean-Christophe Bailly, *Le Dépaysement*, Paris 2012, S. 8 f. [dt. Titel: *Fremd gewordenes Land. Streifzüge durch Frankreich*, Berlin 2017].

9 Diese Frage stellt sich J.-B. Pontalis, als er die erste cartesische Meditation kommentiert in *Œuvres littéraires*, S. 945.

10 Wie Montaigne in den *Essais* andeutet, II, 12, S. 551: »Unser Wachen ist verschlafener als der Schlaf.«

11 Michel Gribinski, *Qu'est-ce qu'une place?*, Paris 2013, S. 18: »Was ist

ein Platz? Die Frage zieht eine ihrer Bedeutungen aus der unüberwindbaren Kluft, die stets verhindert, dass wir in uns selbst an unserem Platz sind. [...] Die Kluft ist struktureller Natur, und wenn man versucht, sie zusammenzuschweißen, schafft man Spannungen, die lebhaft zum Ausdruck kommen werden, wann und wo sie können. Wir werden keine Einheit, die vor der Kluft bestand, wiederfinden, keine unteilbare Einheit.«

12 Bachelard, *La poétique de l'espace*, S. 190, der Pierre Jean Jouve zitiert.

13 Ebd., S. 188.

14 Ebd., S. 193.

15 Vgl. Descartes, Brief an Elisabeth von der Pfalz, Juli 1648. Bei Barbara Cassin, *La nostalgie*, als Motto vorangestellt; dt. zit. nach Sabrina Ebbersmeyer (Hrsg.), *Der Briefwechsel zwischen Elisabeth von der Pfalz und René Descartes*, Paderborn 2015, S. 167.

16 Pontalis, *L'amour des commencements*, S. 158: »Um zu leben und uns frei zu fühlen, brauchen wir mehrere Räume.«

17 Montaigne, *Essais*, II, 12, S. 551.

18 Zumindest, wenn ich mit männlichem Geschlecht geboren wurde.

19 Henri Bergson, *La politesse*, Paris 2008.

20 Wie Montaigne in den *Essais* sagt, II, 12, S. 447.

# Literaturhinweise


Anders, Günther: Journaux de l'exil et du retour. Paris 2012. [Dt.: Tagebücher und Gedichte. München 1985.]

Bachelard, Gaston: La Poétique de l'espace. Paris 1992 (zuerst 1957). [Dt.: Poetik des Raums. Frankfurt a. M. 1987.]

Bailly, Jean-Christophe: Le dépaysement. Voyages en France. Paris 2012. [Dt.: Fremd gewordenes Land. Streifzüge durch Frankreich. Berlin 2017.]

Baldwin, James, La prochaine fois le feu, Gallimard. Paris 2018. [Dt.: Nach der Flut das Feuer. München 2020.]

Barthes, Roland: Fragments d'un discours amoureux. Œuvres complètes. V. Paris 2002. [Dt.: Fragmente einer Sprache der Liebe. Berlin 2015.]

Bataille, Georges: L'érotisme. Paris 1957. [Dt.: Der heilige Eros. Berlin 1979.]

Bourdieu, Pierre. Méditations pascaliennes. Paris 2003. [Dt.: Meditationen. Zur Kritik der scholastischen Vernunft. Berlin 2001.]

– Esquisse pour une auto-analyse. Paris 2004. [Dt.: Ein soziologischer Selbstversuch. Berlin 2002.]

Beauvoir, Simone de: Le deuxième sexe. Paris 2000. [Dt.: Das andere Geschlecht. Sitte und Sexus der Frau. Hamburg 2000.]

Bober, Robert: Par instants, la vie n'est pas sûre. Paris 2020.

Boutang, Pierre-André: L'abécédaire de Gilles Deleuze. Paris 2004.

Butor, Michel: Chacun son cadeau. Paris 1977.

Buzzati, Dino: Un amour. Paris 2010 (zuerst 1963). [Dt.: Un amore. Frankfurt a. M. 1991.]

Cassin, Barbara: La nostalgie. Quand donc est-on chez soi? Paris 2013. [Dt.: Nostalgie. Wann sind wir wirklich zuhause? Berlin 2021.]

Chabert, Anne-Lyse: Transformer le handicap. Au fil des expériences de vie. Toulouse 2017.

– Accessibilité dans les lieux publics, enjeu de dignité pour tous. In: Développement Humain, Handicap et Changement Social / Human Development, Disability, and Social Change 26 (2020) S. 63–69.

Chauvier, Éric: Anthropologie. Paris 2006.

– Anthropologie de l'ordinaire, une conversion du regard. In: Anacharsis. Paris 2010.

– Laura. Paris 2020.

Chiche, Sarah: Les enténébrés. Paris 2019.

– Saturne. Paris 2020.

Chollet, Mona: Chez soi. Une odyssée de l'espace domestique. Paris 2016.
Chrétien, Jean-Louis: La joie spacieuse, essai sur la dilatation. Paris 2007.
Delecroix, Vincent: Apprendre à perdre. Paris 2019.
Deleuze, Gilles / Guattari, Félix: Mille plateaux. Paris 2013 (zuerst 1980). [Dt.: Tausend Plateaus. Kapitalismus und Schizophrenie. Leipzig 1993.]
Derrida, Jacques / Dufourmantelle, Anne: De l'hospitalité. Paris 1997. [Dt.: Von der Gastfreundschaft. Mit einer ›Einladung‹ von Anne Dufourmantelle. Wien 2001.]
Descartes, René: Lettre à Chanut (6 juin 1647). In: Œuvres complètes. Bibliothèque de la Pléiade. Paris 1953. [Dt.: Descartes an Chanut (6. Juni 1647). In: Der Briefwechsel zwischen Elisabeth von der Pfalz und René Descartes. Paderborn 2015. S. 416–429.]
Dhée, Amandine: À mains nues. Lille 2020.
Du Bois, W. E. B.: Les âmes du peuple noir. Paris 2004. [Dt.: Die Seelen der Schwarzen. The Souls of Black Folk. Berlin 2008.]
Dufourmantelle, Anne: En cas d'amour. Psychopathologie de la vie amoureuse. Paris 2012. [Dt.: Im Fall der Liebe. Berlin 2021.]
– La sauvagerie maternelle. Paris 2016. [Dt.: Wilde Mütter. Berlin 2023.]
– / Leter, Laure: Se trouver, Dialogue sur les nouvelles souffrances contemporaines. Paris 2014.
Duras, Marguerite: L'Amant. Paris 1984. [Dt.: Der Liebhaber. Frankfurt a. M. 2005.]
– La Vie matérielle. Paris 1994 (zuerst 1987). [Dt.: Das tägliche Leben. Berlin 1988.]
Duroy, Lionel: Le Chagrin. Paris 2011. [Dt.: Der Kummer. Hamburg 2014.]
– L'homme qui tremble. Paris 2021.
Ernaux, Annie: La place. Paris 1983. [Dt.: Der Platz. Berlin 2020.]
– L'autre fille. Paris 2011. [Dt.: Das andere Mädchen. Berlin 2022.]
– L'écriture comme un couteau. Paris 2011.
– Le vrai lieu. Paris 2014.
Fanon, Frantz, Peau noire, masques blancs. In: Œuvres. Paris 2011. [Dt.: Schwarze Haut, weiße Masken. Berlin 1985.]
Ferrier, Michaël: Mémoires d'outre-mer. Paris 2015.
Flem, Lydia: Comment je me suis séparée de ma fille et de mon quasi-fils. Paris 2009.
Foucault, Michel: Surveiller et punir. Paris 1994 (zuerst 1975). [Dt.: Überwachen und Strafen. Die Geburt des Gefängnisses. Frankfurt a. M. 1993.]
– Des espaces autres. In: Dits et écrits. Bd. IV: 1980–1988. Text Nr. 360. Paris 1984. [Dt.: Von anderen Räumen. In: Jörg Dünne / Stephan Gün-

zel (Hrsg.): Raumtheorie. Grundlagentexte aus Philosophie und Kulturwissenschaften. Berlin 2006. S. 317–327.]
– Le corps utopique, Les Hétérotopies. Paris 2019. [Dt.: Die Heterotopien. Der utopische Körper: Zwei Radiovorträge. Berlin 2013.]
Freud, Sigmund: Das Unheimliche. Stuttgart 2020.
Gilligan, Carol: Une voix différente. Un regard prospectif à partir du passé. In: Vanessa Nurock (Hrsg.): Carol Gilligan et l'éthique du care. Paris 2010.
– / Snider, Naomi: Pourquoi le patriarcat? Paris 2019.
Gribinski, Michel: Qu'est-ce qu'une place? Paris 2013. [Dt.: Der Mond und die Feuer. Zürich 2017.]
Heidegger, Martin: Seul l'homme a un monde. In: Les concepts fondamentaux de la métaphysique (1929). §47. Paris 1983. [Dt. in: Die Grundbegriffe der Metaphysik. Gesamtausgabe (GA) 29/30. Frankfurt a. M. ²1992.]
Hoggart, Richard: 33 Newport Street. Autobiographie d'un intellectuel issu des classes populaires anglaises. Paris 2013.
Horvilleur, Delphine: Vivre avec nos morts. Paris 2021. [Dt.: Mit den Toten leben. Berlin 2022.]
Jaquet, Chantal: Les transclasses ou la non-reproduction. Paris 2014. [Dt.: Zwischen den Klassen. Über die Nicht-Reproduktion sozialer Macht. Konstanz 2018.]
Kafka, Franz: Gesammelte Werke in der Fassung der Handschrift. Bd. 3: Tagebücher 1914–1923. Berlin 2008.
Kiner, Salomé: Grande couronne. Paris 2021.
Lacan, Jacques: Place, origine et fin de mon enseignement. In: Mon enseignement. Paris 2005. [Dt.: Platz, Ursprung und Ziel meiner Lehre. In: Meine Lehre. Wien 2013.]
Lafon, Marie-Hélène: L'Annonce. Paris 2009. [Dt.: Die Anzeige. Zürich 2020.]
Lambert, Emmanuelle, Le garçon de mon père. Paris 2021.
Le Breton, David: Disparaître de soi, une tentation contemporaine. Paris 2015.
Lindenberg, Hugo: Un jour ce sera vide. Paris 2020. [Dt.: Eines Tages wird es leer sein. Hamburg 2023.]
Lussault, Michel: De la lutte des classes à la lutte des places. Paris 2009.
Maalouf, Amin: Les Désorientés. Paris 2012. [Dt.: Die Verunsicherten. Zürich 2014.]
Mauvignier, Laurent: Continuer. Paris 2016.
– Histoires de la nuit. Paris 2020.

Mbembe, Achille: Brutalisme. Paris 2020.
Michaux, Henri: L'espace du dedans. Paris 1944. [Dt.: Momente. Durchquerungen der Zeit. München 1983.]
– Poteaux d'angle. Paris 1981. [Dt.: Eckpfosten. München 1982.]
– L'infini turbulent. Paris 1994. [Dt.: Turbulenz im Unendlichen. Berlin 2018.]
– La Nuit remue. Paris 2001.
– La vie dans les plis. Paris 2001.
– Déplacements, dégagements. Paris 2013.
– Bras cassé. Paris 2021.
Monnard, Muriel: Occuper et prendre place. Une lecture des rapports de pouvoir dans la cour de récréation. In: Espaces et sociétés 3 (2016) S. 127–145.
Montaigne, Michel de: Essais. Paris 2007. [Dt.: Essais. Berlin 2016.]
Mréjen, Valérie: Troisième personne. Paris 2017.
Nancy, Jean-Luc: L'intrus. Paris 2000. [Dt.: L'Intrus. Der Eindringling. Das fremde Herz. Leipzig 2000.]
Noudelmann, François: Hors de moi, Variations III. Paris 2006.
Pauly, Anne: Avant que j'oublie. Paris 2019.
Peck, Raoul / Baldwin, James: I am Not Your Negro. 10/18. 2018.
Perec, Georges: Tentative d'épuisement d'un lieu parisien. Paris 1982. [Dt.: Versuch einen Platz in Paris zu erfassen. Zürich 2023.]
– L'infra-ordinaire. Paris 1989. [Dt.: Warum gibt es keine Zigaretten beim Gemüsehändler? Zürich/Berlin 2015.]
– Un homme qui dort. Paris 1990. [Dt.: Ein Mann, der schläft. Berlin 2012.]
– Espèces d'espaces. Paris 2000. [Dt.: Träume von Räumen. Berlin 2016.]
– Penser/classer. Paris 2003. [Dt.: Denken, Ordnen. Berlin 2014.]
– La disparition. Paris 2017. [Dt.: Anton Voyls Fortgang. Berlin 2017.]
Pontalis, J.-B.: Œuvres littéraires. Paris 2015.
Porée, Jérôme: L'espérance mélancolique, un dialogue entre philosophie et psychiatrie sur le temps humain. Paris 2020.
Poulain, Catherine: Le grand marin. Paris 2017. [Dt.: Die Seefahrerin. München 2017.]
Pourchet, Maria: Feu. Paris 2021. [Dt.: Feuer. München 2023.]
Prudhomme, Sylvain: Par les routes. Paris 2019. [Dt.: Allerorten. Zürich 2020.]
Quentin, Bertrand: Les invalidés, nouvelles réflexions philosophiques sur le handicap. Toulouse 2019.
Riquier, Camille: Nous ne savons plus croire. Bilbao 2020.

Schütz, Alfred: Der Fremde. Ein sozialpsychologischer Versuch. In: A. S.: Gesammelte Aufsätze. Bd. II: Studien zur soziologischen Theorie. Hrsg. von Arvid Brodersen und Martinus Nijhoff. Den Haag 1972. S. 53–69.

Starobinski, Jean: Montaigne en mouvement. Paris 1982. [Dt.: Montaigne. Denken und Existenz. München 1986.]

Toledo, Camille de: Thésée, sa vie nouvelle. Lagrasse 2020.

Valéry, Paul: Mauvaises pensées, Rivages. Paris 2016 (zuerst 1942). [Dt.: Schlimme Gedanken und andere. Berlin 1963.]

Van Reeth, Adèle: La vie ordinaire. Paris 2020.

Viel, Tanguy: La fille qu'on appelle. Paris 2021. [Dt.: Das Mädchen, das man ruft. Berlin 2022.]

Weil, Simone: L'enracinement. Paris 1999. [Dt.: Die Verwurzelung. Vorspiel zu einer Erklärung der Pflichten dem Menschen gegenüber. Berlin 2011.]

Winnicott, Donald W.: La mère suffisamment bonne. Paris 2006.

– Le bébé et sa mère. Paris 2017. [Dt.: Babys und ihre Mütter. Gießen 2023.]

Woolf, Virginia: A Room of One's Own. London 1929. [Dt.: Ein Zimmer für sich allein. Stuttgart 2012.]

– Gesammelte Werke. Tagebücher 1. 1915–1919. Berlin 1990.

Zweig, Stefan: Vierundzwanzig Stunden aus dem Leben einer Frau. Stuttgart 2021.